陈积芳 / 主编

智能生活

老年健康生活丛书 (第一辑)

张 威 / 编著

上海科学普及出版社

老年健康生活丛书编辑委员会

主　　编　陈积芳
副 主 编　郁增荣
秘 书 长　金　强
编辑委员　（以姓名笔画为序）
　　　　　　刘铭君　江世亮　孙建琴　娄志刚　蒋惠雍

智能生活

编　　著　张　威

序 言

　　岁月流逝如滔滔江水,从朗朗童声和青春风茂之美好年代,转眼进入雪鬓霜鬓、步履蹒跚的老年。今天的老年人,为建设城市与家园付出了辛勤的劳动,理应健康安享晚年。每位经历人生光阴似箭的朋友,你感慨当今的变化吗?你珍惜眼前的生活吗?你回想过往的岁月吗?当你感到生命的航船可以平稳舒适地驶入又一番风景的港湾中,当你品味美好晚景夕阳红满天时,会有更多新的需要,新的念想。你想学习,可能会遇上陌生的问题;你也许会忧虑,因为你已展开又一个生命的重要阶段——老年。

　　上海这样一座2 400万人口的国际大都市,富有创新活力和文化底蕴。由于生活水平提高,医疗资源相对丰富,人均寿命增长,老龄化深度发展。60岁以上的老年人已达到33.2%,百岁老人占比达7.8‰,上海已进入国际标准的长寿城市。平均寿命达83岁,在国内仅次于香港。老年群体的各种需求势必越来越多,这是客观的存在。

　　正如老百姓说的俗语:金山银山不如健康是靠山。幸福的晚年生活,健康是第一条。而健康是老年人面对的最基本的大事,涉及老年阶段方方面面的综合知识、生活方式以及社会服务。比如，发达国家研究长寿课题并得出的结论，第一条就是晚年要有较好的社会交往活动，水、空气、睡眠和营养是基础保障，和谐适当的社会交际活动才是老年人生得以有内在动力的根本保障。因而唱歌跳舞、学用智能手机、旅游观光、含饴弄孙、莳花弄草、书法收藏、摄影交流、散步疾走等文娱活动，都是对老年健康有益的。

随着互联网科技的迅速发展和移动通讯的广泛使用，老年人想要跟上形势，学习新技能。如熟练使用智能手机，学会网上支付水电费、买快餐、订电影票、购买日用品等。

老年人饮食营养的保证很重要，易吸收的优质蛋白质、不饱和脂肪、新鲜蔬果中的维生素纤维素、转化能量的碳水化合物等，均要安排得当，科学合理饮食。这也是防治老年代谢病的重要措施。正所谓：管住你的嘴，学问真不少。

老年人的生命活动逐渐衰弱，有一些疾病"找上门来"也属正常，医疗与护理及保养都很重要。血压、血糖、尿酸指标，要了解这些基本常识，学习自我保健知识，建立健康管理理念。

说到老有所学，日新月异的科技创新的成就，也是老年群体所关注的。比如中国空间站将在太空的邀游，彩虹号深海潜水器，大口径射电望远镜，北斗卫星体系组成通信网络，5G信息科技传播的先进标准，量子通讯的安全原理，石墨烯材料充电新技术等，普通市民关心这些话题；老年人群，尤其是有深层次精神文化需求的老年人更是愿意与时俱进地学习。保持学习新知的好奇心，是心态年轻的标志。

更广义地讲,老龄产业是黄金产业。服务软件、营养饮食、老年教学、文化娱乐、康复辅具等方方面面,与老年人福祉相关的各类产品的设计与生产,急需资金和研发,并加以推广。

夕阳无限好,只是近黄昏。年老之人应修悟宁静淡泊的心态,保持慢节奏的生活姿态,从容不迫、优雅舒坦地过好当下的每一天。这需要有平衡的心理与情绪,预防可能发生的忧郁或焦虑的心理疾病。步入老年阶段,坦然面对衰老,平安幸福地过好晚年生活,我们每一位老者都准备好了吗?

为了关爱老年读者群体的精神文化生活,为他们提供更为广阔的视角和思考空间,乐享健康,乐享生活,智慧养老,科学养老,上海科学普及出版社精心策划了"老年健康生活丛书"。邀请各领域富有经验的专家学者为老年读者精心打造,第一辑推出《阳光心态》《经络养生》《健康管理》《老少同乐》《智能生活》《家庭园艺》《法律维权》《旅游英语》《科普新知》《智慧理财》共十种,涉及老年人群重点关注的养生保健、心理健康、法律法规、代际沟通、社会交往等主题,精心布局,反复研讨,集思广益,从老年读者的视角,以实际生活为内容支撑,通俗易懂,图文并茂。可以相信,"老年健康生活丛书"一定能服务于上海乃至全国的老年群体,发挥积极的科普和文化传播作用,为促进国家老年教育、老龄事业的发展做出应有的贡献。

陈积芳

2018年8月

目 录

第一篇　智能时代

时代的变迁 / 2
改变世界的科技 / 5
智慧地球与智能生活 / 10
老年智能生活理念 / 16

第二篇　智能互联

智能手机 / 24
随时联网 / 28
移动社交 / 34
移动支付 / 45
网上购物 / 59
在线服务 / 70
便捷交通 / 80
旅游出行 / 90
智慧医疗 / 106
娱乐游戏 / 122

第三篇　智能科技

身边的智能科技 / 136
打造智慧家庭 / 146
身边的机器人 / 155

第四篇　智能未来

改变未来的新科技 / 172
新生活场景的革命 / 188
"开放、共享、连接"拥抱未来 / 200

参考文献 / 206

后记 / 209

第一篇

智能时代

突破·创新

智 能
　　生活

■ 时代的变迁

现在我们出门，身上一般会带三样东西：钱包、钥匙和手机。这三样东西，哪一样最不能丢失？你可能会说是钱包，因为钱包里有现金和身份证，掉了补办很麻烦；也可能说是钥匙，因为钥匙丢了回不了家；还可能会说是手机，因为手机里存有很多重要信息。假如十年前问同样的问题，可能大多数人会认为钱包或者钥匙最不能丢，而十年后如果还是同一个问题，相信所有的人都会说手机最不能丢，因为到那时钱包已经用不到了，手机可以替代钱包进行支付和消费，钥匙可能也会被淘汰，指纹锁、人脸识别锁或手机解锁会替代传统锁具，人们出门再也不用带钥匙了。

▼ 20世纪90年代　　　　▼ 21世纪10年代

这就是信息技术对我们每个人生活的改变,30年来,这种改变潜移默化,慢慢发生,人们越来越依赖各种科技技术。科技和网络的联合好像是人的骨头与肉体,从雏形到成熟,经历了一段漫长的岁月,最终成为了我们想要的样子。

互联时代

随着老百姓的生活水平不断提高,其精神需求也跟着提升,从知识文化到交友联络,互动方式也越来越多样。

我们学习知识不再只通过读纸质书,从网站搜索、微信公众号文章阅读,到现在比较热的APP有声读物,无一不是互联网的功劳,它让书变得更"轻便",学知识的方式更"简便"。

互联网还为我们交友联络做出了很大的贡献,从书信到邮件再到现在的微信,时间从一周缩短到几分钟再到几秒,互联网让我们和朋友家人的联络更便利,情感沟通也更方便。

智能时代

互联网能提高学习、联络的效率,而人工智能绝对是起到了锦上添花的作用,智能时代从现在看来像是水到渠成,其实人工智能井喷式出现并非天上掉下来的,而是硬件、软件、网络发展到一定水平后的突破。

智能生活

从固定电话到"大哥大"、BB机,再到全民普及的智能手机。从厚重的台式电脑、笔记本电脑到iPad,不只是技术的进步,更是得益于科技和互联网的完美结合。

一项技术从实验室走到现实生活,这也就意味着技术的研发、转化、受益、二次研发的循环已形成,而一旦这个循环形成,技术就会自我发展,不断进化。人工智能从实验室走进我们的生活,意味着这个循环已经建立。

人工智能时代正式开启。

技术发展的意义就是服务人类,提高社会生产力,丰富人们的物质生活。现在的智能时代亦如此。我们一直以为人工智能距离普通人的生活很远,只能在科技新闻中看到人工智能取得了什么进展。然而近些年,人工智能取得的成绩让我们欣喜欣慰,我们每点一次外卖,用一次打车软件,背后都是人工智能根据大数据为你推荐的菜色、选择的司机、规划的线路。人工智能距离我们如此之近,触手可及。

改变世界的科技

人类的生存方式,20万年前与10万年前相比,没有太大的改变;3 000年前与2 000年前相比,没有太大的改变;600年前与500年前相比,没有太大的改变。但是,今人与古人其实早已今非昔比,即使将现在与100年前相比,也已完全不一样。是什么推动人类开始新的生存方式?这便是科技,是科技的发展推动了人类的进程,让人们拥有崭新又美好的生活。

科技驱动历史发展

中国曾在几千年前领先于世界,尤其是在推动人类进步第一生产力——科技方面。哲学家培根曾这样评价中国的科技发明贡献:"印刷术、火药、指南针,这三种发明已经在世界范围内把事物的全部面貌和情况都改变了。"马克思则从人类历史文明进步的角度如是说:"火药把骑士阶层炸得粉碎,指南针打开了世界市场并建立了殖民地,而

智能生活

印刷术则变成了新教的工具,总的来说变成了科学复兴的手段。"

有不完全统计数据显示,一千年以前,全球有60%以上的科技都诞生在中国,"四大发明"曾深刻改变了世界的面貌。1500年前后,中国仍然是世界上GDP最高的国家,1405年,明代郑和下西洋的宝船,其造船技术、航海技术和指南导航技术,远远超前于欧洲。

但进入大航海时代之后,欧洲的拓荒者利用科技力量有意无意改变了世界的格局。先进的造船技术,让诸如荷兰、西班牙、葡萄牙等国家成为殖民帝国,获得了源源不断的原材料,商业贸易使大量的白银流入这些国家,其财富积累几近巅峰。

然而,英国工业革命的蒸汽机隆隆作响的时候,上述欧洲这些昔日的航海大国惨痛地沦为历史的配角。英国步履坚实地进入了工业革命的进程,搭载着瓦特牌蒸汽机,英国国内生产力极大提高,成为当时世界上最强大的"日不落帝国"。

到了电气化时代的第二次工业革命,科技再次发挥了其巨大动能,让年轻的美国赶超老牌资本主义大英帝国,跑到了世界各国的前列。其间有意思的现象是:全球历史上最富有的75个人里,有1/5出生于1830~1840年的美国。这是因为当时美国正享受着科技革命的巨大红利,诸多财富大亨在科技创新的时代机遇中赚得盆满钵满,如富可敌国的石油大王洛克菲勒、钢铁大王卡耐基、金融大王摩根等,时至今日,这些家族仍然庞大显赫、尊贵富有。

量化史学家有一句名言:"人类历史上最重要的一个事件就是工业革命。"这个说法在美国表现得最为有力鲜明。美国之所以至今仍然是世界强国,就是因为它仍然在科技创新上领跑全球。20世纪的四大发明——激光、原子能、半导体、计算机,全部诞生在美国,而这些技术成果,构成了信息革命的基础。

创新是未来发展的主旋律

宇宙起源、生命起源、智能奥秘,是世界三大科学难题。前者研究的是人类生存发展的环境,后两者探索的是人类产生发展的规律。在后两者中,生命是智能的物质载体,智能是生命的思想灵魂。由此可见,破解"智能"的奥秘对于人类的生存和未来发展具有多么重要的意义。

探索自然智能的奥秘和创制具有一定智能水平的机器,都是非常复杂和深奥的问题,而且是典型的交叉学科研究问题,涉及诸如脑科学、生理神经科学、神经解剖学、医学、认知科学、人工智能、信息科学等众多领域。若没有这些学科的共同支持,研究和制造智能机器恐怕会"难于上青天"。

20世纪中叶以来,随着以上学科的发展突破,人工智能研究取得了许多激动人心的进展:超过人类医生水平的血液病诊断与治疗系统,与人类专家不分伯仲的地质探矿系统,在速度上无与伦比的数学定理证明系统和气象预报系统,等等。甚至,计算机还证明了人类自己都不曾证明出来的四色定理,人工神经网络系统可以很快求出城市旅行的最优路径,跳棋专家系统战胜了美国州级跳棋冠军,IBM的深蓝系统多次战胜了最负盛名的国际象棋世界冠军卡斯

帕罗夫,等等……毫无疑问,人工智能技术在造福人类方面呈现出了美好的前景。

近代科幻小说大师儒勒·凡尔纳早在他1877年的科幻作品中,就提到了人工智能和机器人技术。他预言,未来的人类社会中,机器人会发挥越来越重要的作用,很大一部分人类的工作将被它们所取代。

而2016年以来,随着AlphaGo在围棋上轻松地战胜人类,无疑,每个人的心中必然萌生出了强烈的信念:世界上已没有什么深奥问题是人工智能不能解开的,人类智能的奥秘不但可以被认识,而且有可能被更智慧的东西战胜。今天,梦想已经照进现实,人工智能时代正在开启。也许,攀登科学高峰的旅程注定要探索更多未知的路,但未来总是美好的。不可否认的是,人工智能正在成为改变地球的力量,科技让人类进步,世界上永恒不变的是"变化"本身。

智能生活

智慧地球与智能生活

在2008年和2009年，美国IBM总裁兼首席执行官彭明盛（Samuel Palmisano）曾两次提出"智慧地球"这一概念，时任美国总统奥巴马对此给予了积极回应，并在不久后投入大量资金推进智慧医疗、智慧电网和美国宽带网络的建设。"智慧地球"这一概念的提出迅速引起了各界的高度关注，并在世界范围内引起轰动。智慧地球也逐渐成为世界各国智能发展的目标。

▼ 智慧地球

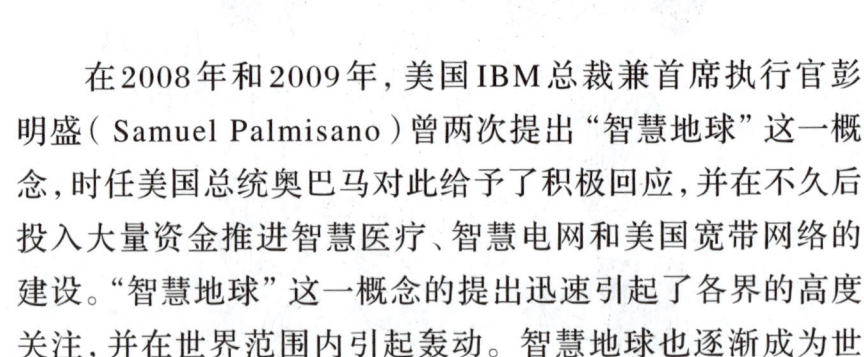

"智慧的地球"
正在成为现实

物联网与互联网相结合
实现人类社会与物理系统的整合

智慧地球

智慧地球就是把感应器嵌入和装备到电网、铁路、桥梁、隧道、公路、建筑、供水系统、大坝、油气管道等各种物体中,并将其普遍连接,形成物联网,然后将物联网与互联网相结合,实现人类社会与物理系统的整合。换句话说,就是将人类利用智慧发明创造的知识、理论、技术和物件安装到地球身上,使其具有类似人类主体那样的反应、解答、调节、应对、操作与实践功能,使地球拥有类似于人类那样的智慧或智能。

智慧地球就是让任何东西都可以通过越来越多的低成本新技术和网络服务,实现数字化和互联。未来,所有的物品都有可能安装并应用智能技术,为整个社会提供更加智能化的服务,为社会发展和经济进步提供了一条全新的发展思路。

人们将会了解到摆在餐桌上的食物来自哪块土地,运输过程中经过了哪些环节;试衣间里的数字购物助手会自动通知导购人员送来合适尺码和颜色的衣物;去医院看病时,再也不用排长队,在一个个窗口间跑来跑去;厨房里的自来水也可以放心饮用,因为水在整个输送过程中都在被严密监控着……这一切都像科幻电影里的内容,而实际上,强大的科技和社会发展动力正在将这一切带入现实。

智慧地球将使人们更透彻地感应和度量世界。全球移动电话用户数量2019年将突破40亿大关,也就是说,全球平均每两个人就拥有一部移动电话。更重要的是,到2025年,全球生产的射频标识(RFID)数量可望达到600亿个,产品、护照、建筑物甚至动物身上都将带有射频标识。盘旋

智能生活

在绕地轨道上的数百个卫星每天产生数百万兆字节(TB)的数据量。到2025年，全球每人将平均占有10亿个晶体管，每个成本约十万分之一美分，而各种各样的感应科技也开始被嵌入汽车、家电等设备，以及公路、水利电力等设施当中。这些晶体管和感应器帮助我们更好地了解世界的运转，让我们能真切地看到究竟发生了什么，并能够准确量化所产生的变化。

智慧地球将使人们更全面地互联互通。到2025年，互联网用户将达到40亿，联网对象——车辆、设备、摄像头、车道、管道的数量正在迈向1万亿大关，并且以史无前例的方式与各种设备物件链接起来。未来互联网将会变成物联网，国际贸易壁垒逐渐消除，企业内外的整合日趋紧密，跨行业的联系和合作也不断加强。虚拟技术的大行其道，加速了互联互通的趋势。这些都大力推进了协作和创新的广度和深度。

智慧地球提供人们更深入的智能洞察。随着信息技术的成熟和不断发展，人们可以负担起使用大规模计算机集群以及云计算去加工、建模、预测和分析海量的数据。利用云计算技术可以快速开发新型应用并将其部署为网络服务。

开放性、网络、高新技术以及数字智能与工作和生活相融合的新模式将取代传统生活方式。人类将最大化地利用信息资源，并从中获得前所未有的洞察力，并因此更快、更好地做出决策。

智慧城市

"智慧城市"这一概念就出自"智慧地球"的伟大构

智慧城市

想。智慧城市不仅仅是物联的城市,更是一个通过云计算、深度分析、可控制的城市。在新一轮的信息化建设热潮中,智慧城市将带给我们全新的信息生活感受,焕发出无穷魅力。

智慧城市的到来,不仅改变了个人信息生活的质量,亦使城市公共安全、制造生产、环境监控、智能交通、智能家居、公共卫生、健康监测、金融贸易等多个领域的发展更科学、快速。可以让社会各种资源的效用最大化,能够大大促进企业降本增效,使得政府提高公共服务能力和城市管理效率。在实现人民住有所居、学有所教、老有所养的基础上达到产业智能化信息化发展,社会公共服务更加便捷和全面,真正实现人类社会的可持续发展。

智慧城市将深层次地改变人们生活。

首先,城市将会拥有更强的免疫系统。如今,大量人口

智能
生活

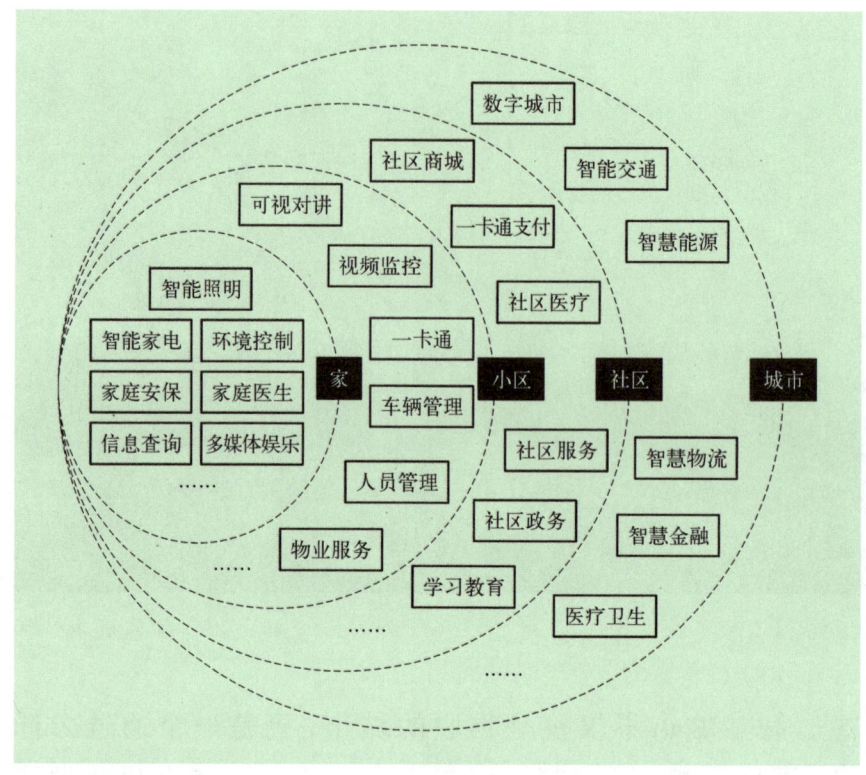

▲ 智慧城市系统

涌向城市，拥挤的城市产生了各种疾病，感应器将会帮助政府机构、学校、医疗机构等提前做好健康防范措施。

其次，城市建筑将会像生物体那样具有感知能力及反应能力。建筑物也有系统，如供暖系统、散热系统、供电系统，等等，但是它们都各司其职，没有被整合到一起协同工作。智能建筑可以结合所有数据，更有效地为城市提供服务，节省能源，减少对气候环境的破坏。

再次，城市将有更先进的供电网络。一个有效的电网应该能更有效地为所有有电交通工具输送电，但这样只能使部分受益。如果能从动力学的角度，让交通工具自己发电后又将电发送回电网，那就更好了，更强大的供电网络将让城市的可持续发展受益。

而一旦发生紧急情况,智慧城市反应更及时、更迅速。感应器会探测到很细微的问题,比如下水道堵塞、即将来临的降雨以及附近的交通阻塞,提醒政府机构在事态恶化之前重视这些问题。

如今,智慧城市已不仅仅是一个宏伟的构想,全球众多城市已参与其中,并在智能政务、智能交通、智能社区、智能医疗等方面发挥出巨大的作用。

老年智能生活理念

随着我国人口老龄化的加剧以及生活智能程度的不断提高,有越来越多的老年人开始跟不上时代的节奏,智能手机、平板电脑、移动支付、智能家庭等新兴事物令他们感到兴奋的同时,更多的则是感到无所适从。既然老龄化加剧无法避免,那么,我们应该如何让科技之光照进老年群体的生活?

老年人群的困扰

上海的张女士刚退休,感觉好像跟现代的智能社会脱节了:不会用手机订机票火车票、打车、订餐,想足不出户给老伴买双鞋都因为不会用支付宝而搁浅。

互联网,尤其是如今智慧城市和移动互联网的快速发展,大大方便了人们的生活。生活中的吃、穿、住、用、行、游等,在移动终端上都有相应的服务软件,很多老年人都觉得电子设备、智能手机等都是年轻人的专属,好是好,但功能太多,害怕自己搞不清楚学不会,反而用起来不方便。

老年朋友面对智能科技往往有几方面问题：

消费习惯："重积蓄轻消费，先子女后自己"一直是不少中国老年人的消费特点，他们对于自己非医疗的开支大多维持在低位，而大多数智能设备对他们来说相当昂贵。

使用习惯：对于计算机一类设备，大多数老年人不能熟练运用，这不仅因其视力及对新事物接受能力的下降，同时，一些所谓的"老年功能"不一定是老年人真正需要的，这也是老年人将这类设备弃之一旁的原因之一。

跨界障碍：医疗健康是老年人生活中的重要一环，很多智能硬件也正是从这个角度切入这一市场，但这些互联网公司很快便遭遇了封闭的医疗产业的行业壁垒和政策障碍。实际上，即便是庞大的阿里巴巴，在与传统医疗机构合力推动智能医疗的进程也并非一帆风顺，甚至有些举步维艰。

这些问题导致老年人对于智能科技往往无所适从。老年人对于新知识新技能的掌握速度原本就慢，智能科技的更新连年轻人也有些应接不暇，何况开启老年人的智能生活，这是一个难点问题。

虽然困难重重，但这不应是老年人远离智慧生活的理由，21世纪的今天，老年人很有必要学会使用智能手机，接触智能生活。一方面，智能设备

对话电脑

可以帮助老年人了解日新月异的新时代。另一方面,有了智能设备,老年人和家人、朋友的沟通将更方便,生活更便利、更丰富多彩,心情也更愉悦。

老年网民的崛起

近年来,移动互联网的发展日新月异,而其中的一大亮点,就是"中老年网民"的迅速崛起。很多老年人早已经不是我们想象中数字鸿沟下的"小白用户",他们和年轻人一样,正在通过智能手机积极拥抱移动互联网的新生活。

国家统计局和中国互联网络中心的数据显示,2012~2017年这5年间,老年网民增长了96.57%。到2017年底,全国50岁以上网民的数量为6 900万,互联网渗透率为16.33%。阿里巴巴发布的《爸妈的移动互联网生活报告》显示,中老年"剁手军团"正在扩大,仅淘宝天猫就有近3 000万的中老年网购一族,50~59岁临退休人群是主力军,占比高达75%。2017年1月至2017年9月间,50岁以上中老年人网购人均消费近5 000元,人均淘宝商品数达到44件。另外,据京东数据显示,2017年前三季度,50岁以上中老年用户人均年消费额已经高达平台平均水平的2.3倍,而且六成的交易通过手机支付完成。

和上一代人相比,现在的老年人受教育水平更高,越来越多的人开始享受科技产品所带来的独特满足感。对于很多老年人来说,按照老年人和残疾人需求而开发的科技产品似乎有些过时,用这样的手机会让他们感觉有些丢脸。他们开始学习"改造"科技产品,来适应自己的生活需要。

智能生活

▲ 若宫正子与库克交流

2017年8月苹果WWDC开发者大会上，最年长的开发者是一位来自日本的82岁老奶奶——若宫正子。退休之后，她觉得市场上没有一款应用是为老年人量身打造，于是她开始自学编程，现在已经成功开发了一款名叫"Hinadan"的益智游戏应用，连苹果CEO库克都被折服。

移动互联网不仅改变了老年人的消费行为，也为他们搭建了实现自我的社交平台。腾讯社会研究中心通过"老年人互联网生活的行动能力和行动愿景研究"发现，很多智能手机"扛把子"的中老年用户中不仅有技术牛人、K歌之王，还有公众号作家、表情包达人，还有用微信组织100多位知青40年后再相聚的社交达人。

树立智能生活理念

随着互联网浪潮的汹涌而至,依托大数据、云平台、移动终端等信息技术,越来越多的智能化应用正在改变人们的工作和生活,网购、订餐、打车、社交、就医、学习、理财、买菜……智能化应用渗透到每一个角落,让我们的生活和工作越来越便捷和高效。

让老年人搭上智能化生活的快车,是提高公共服务能力的要求。不少公共服务部门都借助互联网手段,推出了智能化应用,既提高了服务效率,也节省了人力、物力。为了方便老年人使用,尤其在医院、养老院等老年人集中的区域,开通网络自助服务时,一定要操作步骤简单,并配有简洁、明确的导引图,方便老年人快速学习、使用;而且,考虑到老年人的现实需求和生活习惯,也可以预留个别人工服务,帮助老年人讲解和操作,让他们能够尽快适应自助办理服务。社区里提供的各种养老服务,既要有健身讲座,也要普及智能化生活的知识,让老人能够跟上科技发展的步伐。

老年人搭上智能化生活的快车,也是自身退休生活的需求。网络化、智能化是社会发展的大趋势,中国已进入老龄化社会,老年人口所占比例越来越大。老年人要树立智能生活的理念,消除对新科技的抵触心理,拥抱智能化时代,老年人不能掉队。

随着网络化生活的进一步发展,相信老年人对各种智能化应用的接受程度也会越来越高。科技发展的成果应该惠及包括老年人、儿童在内的所有群体,帮助老年人拥抱智能化时代,需要社会各方面努力,不能让智能化"制约"了老年人的生活。

第二篇 智能互联

高效·便捷

智能生活

智能手机

不知不觉，智能手机已经融入了我们的生活，衣食住行都可以在巴掌大小的手机上解决。智能手机出现之后，尤其是安卓、苹果流行的时代，越来越多的物品因为功能重叠而逐渐消失，如家庭固定电话、电话黄页、闹钟、MP3、相机及纸质地图。智能手机让生活智能化、便捷化。很多老年人面对智能生活往往会不知所措，如何接触并融入不断变化着的智能世界呢？其实也很简单，可以从身边开始，从拥有一部属于自己的智能手机开始。因为智能手机就是现代人连接智能世界的入口。

智能手机的选择

现在，老年人对智能手机的需求量也越来越大，但在选择智能手机时，缺乏基本的知识，对手机性能也一头雾水，往往只关注了价格，而忽略了其他方面，导致在使用过程中产生这样或那样的问题，售后服务也得不到保障。那么，选择智能手机需要关注哪些方面呢？

品牌和价格

老年人在选择手机时，首先要看品牌，好的品牌手机其性能、质量、售后都较有保障。其次再看价格，目前智能手机市场已经进入平民化阶段，品牌手机的售价已经不是很高，千万不要选择便宜的山寨机，不仅问题多多，后续使用还难有保障，往往会得不偿失。

硬件和续航

老年人选择手机，千万不要追求高端硬件配置，因为大部分老年人对智能手机的使用需求与年轻人不同，所以只要选择性能足够的产品即可。倒是应关注手机的续航能力，也就是手机电池能支撑的时间，高性能的手机往往耗电量较大，待机时间不长，影响使用感受。

系统和习惯

老年人一定要选择主流操作系统的手机，目前主流的手机操作系统是安卓系统和苹果IOS系统。不同操作系统的手机操作方式有较大的不同，老年人要选择符合自己操作习惯的手机系统，一般建议看看身边的家人、好友，和他们用同一操作系统的手机比较好，这样在碰到问题时比较容易相互交流。

网络和制式

国内市场移动通信网络由三大运营商把守，它们是中国移动、中国联通以及中国电信，用户使用不同的电话号

码,就决定了用哪个运营商的通信网络。老年人选择手机的时候一定要注意自己的手机号码和手机制式的匹配,免得买了手机不能用。建议老年人可以选择各大运营商推出的合约机,不仅性价比较高,同时也可免去网络和制式匹配的困扰。

智能手机的使用

对老年人来说,开始使用智能手机时,要做好一定的准备,对手机进行一些基础设置,这样可以避免在后期使用时发生这样或者那样的问题。主要需要关注以下几方面:

详读手机说明书

很多老年人总是抱怨手机的一些奇葩故障,今天通话有故障,明天网络连不上,后天又被莫名其妙扣了钱,等等。而在懂行的人看来,这些都不是手机的问题,而是使用人自己的问题。究其原因,是由于老年朋友在使用手机之初没有详读说明书所致。手机的说明书一般包括两个部分,一部分是随机附带的纸质说明书,说明书的内容涉及新手机从安装SIM卡至启动的基本操作说明,以及手机的一些基本设置要求。另一部分则是手机开机以后保存在手机中或云端的电子说明书,一般在手机的"帮助"或"操作指南"文档中,这部分说明书的内容主要涉及手机中预装软件的功能和使用说明。老年人务必要仔细阅读说明书,对手机进行一些基本的调试和配置后再开始使用,这样可避免后期使用中碰到的很多问题。

做好网络设置

　　智能手机和直板手机最大的区别在于连接互联网的能力。老年人使用智能手机最重要的是搞清楚3G、4G及Wi-Fi网络的区别和配置流程,这样才能充分享受智能手机的便利。另外,网络配置不当也往往是造成手机额外被收费的原因。学会正确配置网络可以减少不必要的网络流量损失。

设置老年人版桌面

　　目前的智能手机为方便老年人使用,都自带老年人版的桌面设置,手机中的字体和按钮会更大、更显眼,音量和屏显也会更适合老年人的使用习惯。

应用下载及安装

　　智能手机中的应用商店是老年人必须搞懂的一个模块,通过阅读说明书学会从应用商店中下载和安装App,是老年人使用智能手机的必备技能。这一技能是老年人玩转智能手机的基础。

一键恢复

　　老年人还应该重点阅读说明书中"一键恢复"的相关设置过程,学会使用这一功能,便于老年人在发现手机处于自己也搞不清楚的不正常状态下,迅速恢复手机到熟悉的初始状态。

随时联网

对于智能手机的使用，随时能够连接互联网是基本标配，然而，在不同的环境中，我们应该如何将手机以最优惠及最便捷的方式连接上互联网呢？关于联网，我们需要了解以下几种方式。

Wi-Fi接入上网

现在，很多公共场所都提供免费的无线Wi-Fi接入服务，方便消费者便捷地连接和使用互联网。我们在公共场所活动的时候，就可以接入这样的免费Wi-Fi。

1. 首先打开手机中的设置界面，点开WLAN选项。
2. 原本是显示关闭，要打开开关选项。
3. 接下来就会出现很多Wi-Fi可连接，要找到公共场所的服务人员询问免费Wi-Fi的热点名称和连接密码。
4. 输入获取到的连接密码，就能够免费上网了。

第二篇 智能互联

选择WLAN选项 ▼　　　　　　打开WLAN ▼

选择Wi-Fi ▲　　　　　　输入密码 ▲

智能生活

一键蹭网

假如，你觉得每次连接这些公共免费网络都要问密码很麻烦，那么，可以在手机中安装一款叫"Wi-Fi万能钥匙"的APP，实现随时随地一键蹭网。具体操作方式如下：

1. 首先在应用商店里搜索万能钥匙，并安装。
2. 下载完成后，打开万能钥匙，点击一键查询万能钥匙。

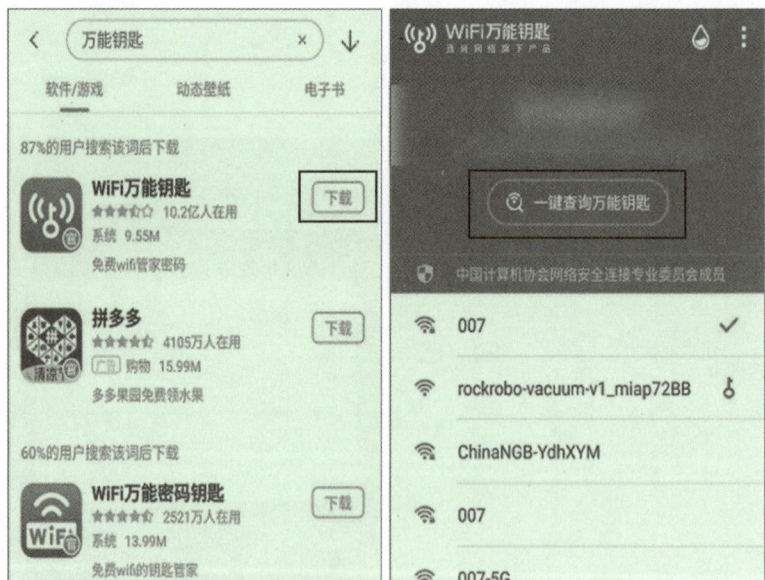

▼ 下载"Wi-Fi万能钥匙"　　▼ 点击"一键查询万能钥匙"

3. 查询的结果中旁边有一把钥匙的，就是可以用万能钥匙一键连接的Wi-Fi热点。
4. 点击钥匙，再点击右边的万能钥匙自动连接。

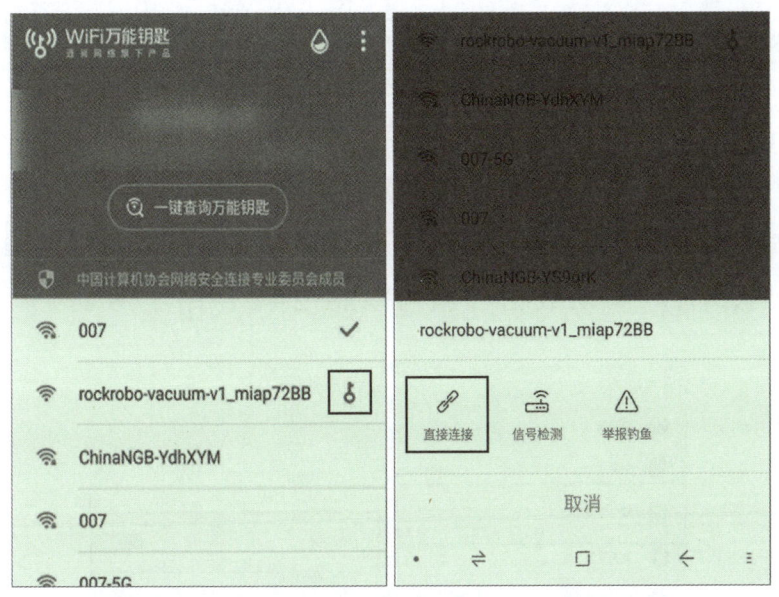

选择有钥匙标志的Wi-Fi ▲　　　点击"直接连接" ▲

5. 然后,就会提示正在连接。连接成功,Wi-Fi名旁边就会出现一个勾,这时候就代表我们可以用这个网了。

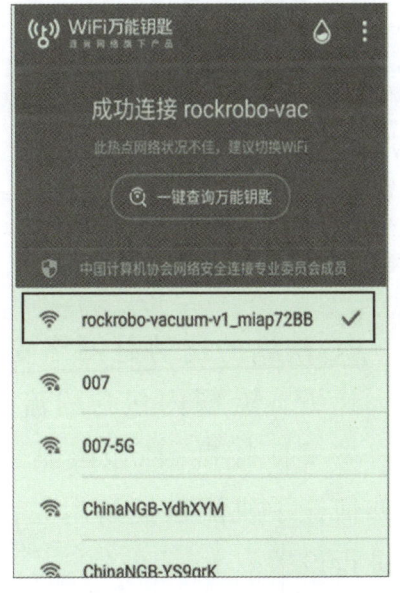

成功连接示意图 ▲

4G流量上网

除了连接Wi-Fi上网，我们还可以通过4G流量上网。4G上网利用的是个人的手机套餐流量，只要打开手机设置界面，开启"移动数据"，就可以利用4G网络上网了。

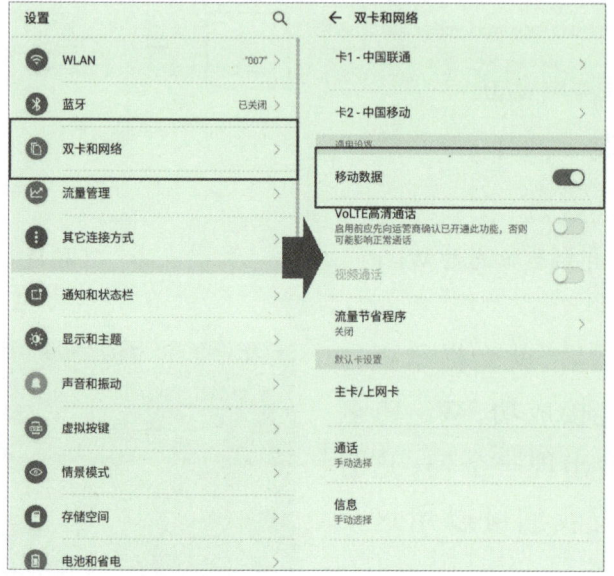

▲ 打开"移动数据"

4G网络的优势是网络安全性较高，速度较快，但由于各大运营商套餐内包含的流量是定量的，而流量使用超出的资费又比较贵，所以限制了用户对4G网络流量的使用。那如何让手机流量更耐用呢？我们可以对各APP的流量使用进行设置。

以安卓系统为例，在"移动数据"菜单下找到"流量节省程序"的提示并点击，就能看到"不受流量限制"的字样，可以将一些不常用的APP应用都限制了，防止它们在非

Wi-Fi的情况下自动更新和运行,这样可以节省一大部分流量了。

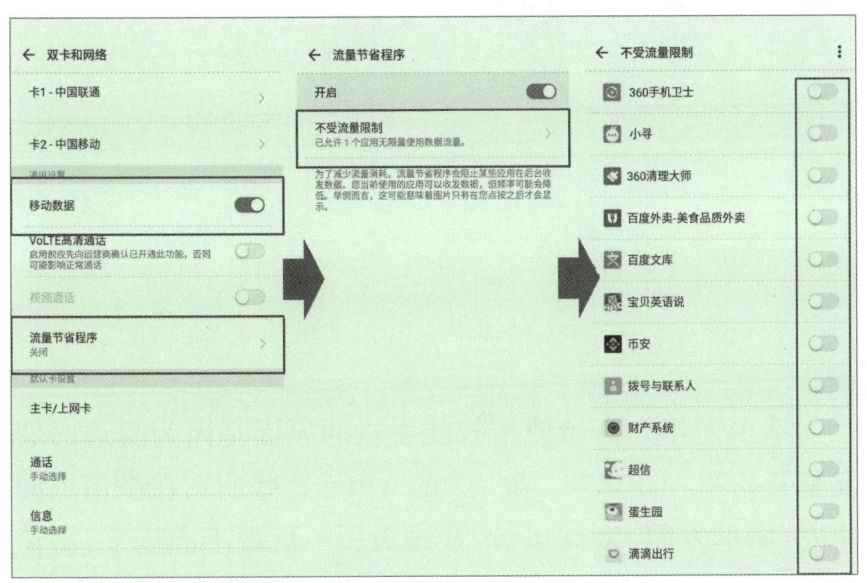

点击"流量节省程序",选择"不受流量限制",选择不常用的APP应用

安全使用无线网络

Wi-Fi和蜂窝移动网络的安全性是有区别的。一般公共区域的免费Wi-Fi网络安全性较低,仅适合于用来访问资讯网站、微博、微信等,假如涉及购物、支付等功能的使用,建议切换到3G或4G网络内再进行操作,这样可以保证账户的安全。

智能生活

移动社交

不少老年人开始使用智能手机的原因是因为身边的朋友都开始用一款名叫"微信"的APP,这些朋友在微信里问早安、刷朋友圈、发红包、语音聊天……玩得不亦乐乎,微信成了朋友们的共同话题,因此也购置了智能手机操作起微信来。

▼ 微信启动界面

其实这就叫做移动社交。微信只是众多移动社交工具中的一种,除此之外还有QQ、SKYPE、微博等,但无疑,微信是目前最受老年朋友们欢迎的社交软件,它正逐渐改变着老年朋友们的交往和生活方式。如何接触微信,并合理使用它呢?下面,我们来介绍一些要点:

微信的基本功能

微信是一款备受老年人追捧的社交APP，用它可以给好友发送语音消息、图片和小视频等，把自己的心情和动态分享给身边的好友，与好友保持随时随地的联系，同时还可以建立微信群，组建自己的娱乐小圈子，让生活更有趣味。

语音聊天和视频聊天功能让人们聊得尽兴。现在很多老年人的子女工作繁忙，一年见父母一面都很不容易。现在有了微信的视频聊天功能，再远的距离也仿佛近在眼前，倾诉彼此的心里话，互相安慰，互相鼓励。

红包游戏更是人们喜欢微信的理由。建个微信群，拉好友进来，把几块钱塞进红包，然后发出去，看看谁的运

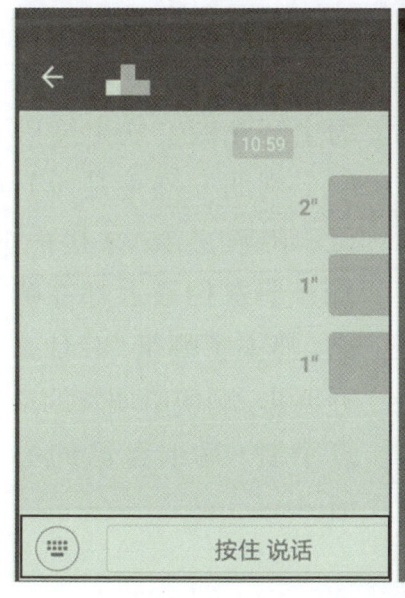
微信发语音消息 ▲

微信语音聊天 ▲

智能生活

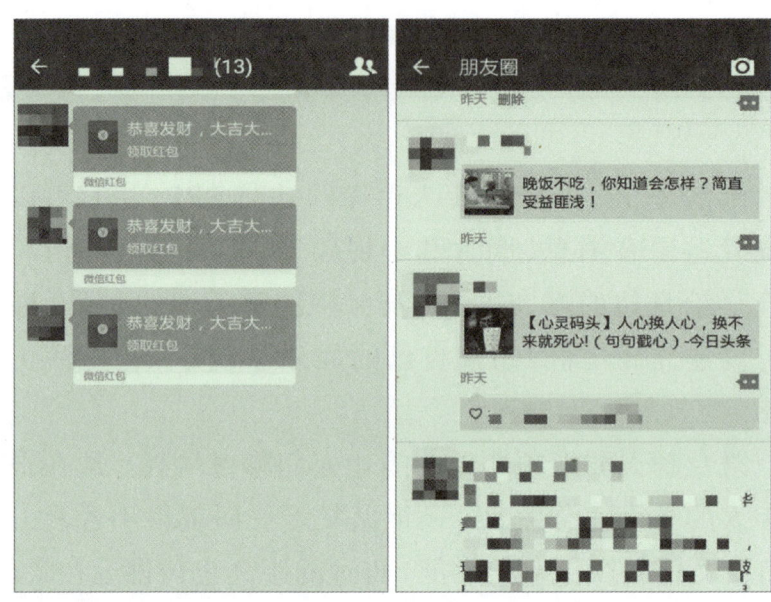

▲ 微信发红包　　▲ 微信朋友圈

▼ 微信钱包功能

气最佳，玩的是心情，玩的是开心，别说你不喜欢抢红包游戏哦。红包游戏不仅减轻了压力，更让人们的生活充满了欢声笑语。

刷朋友圈更是每日必做。闲暇之余，拿起手机，看看朋友们最近都在晒什么，都去了哪里，有什么新鲜事儿，顺便给朋友的动态点个赞，写下自己的心里话……

微信还有一个常用的功能就是支付和转账功能。只要微信绑定了银行卡,在我们购物、缴纳水电等费用时,就可以使用微信来支付,免去了很多的麻烦。当然,它还有转账的功能,我们可以在手机上实现向好友转账,节约了去银行排队的时间。

还有,可以订阅微信公众号,现在几乎所有的媒体、企业、个人都注册有自己的公众号,订阅喜欢的公众号,可以实时获得最新的感兴趣领域的资讯。

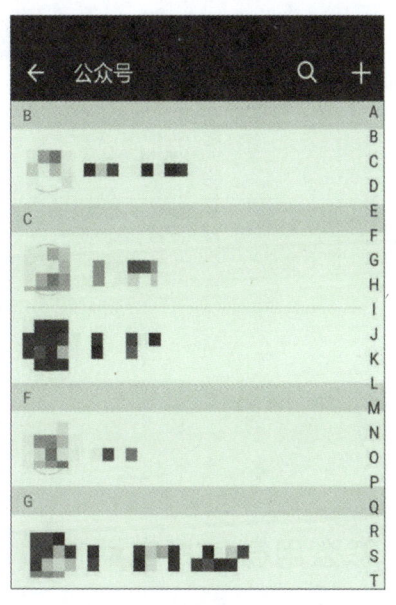

微信公众号 ▲

玩 转 微 信

了解了基础功能之后,要学会一些小技巧,老年朋友才能真正玩转微信。下面介绍一些非常实用的小技巧,可以让你秒变微信达人。

字太小看不清

当朋友发来的微信字太小看不清时,可以双击文字,文字就会放大,就能全屏大字阅读了。

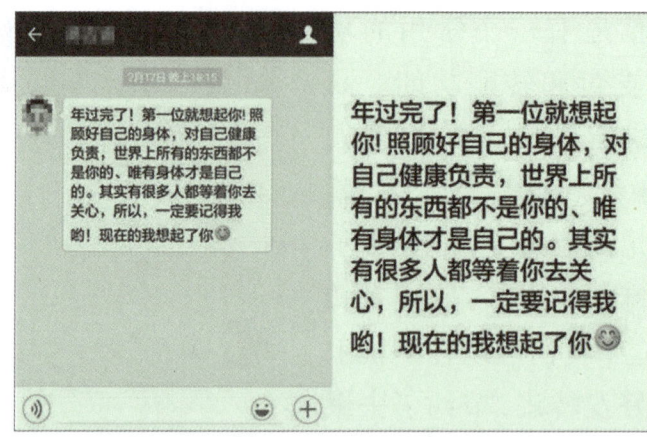

▲ 文字放大

怎么用微信打电话

自从有了微信，很多人都不打电话了，而是直接使用免费的微信语音通话功能。这个功能怎么用呢？在双方聊天窗口中开启右下角"+"符号中的"视频通话"，然后在其中选择"语音通话"就可以实现打电话般的功能了。

▼ 语音通话

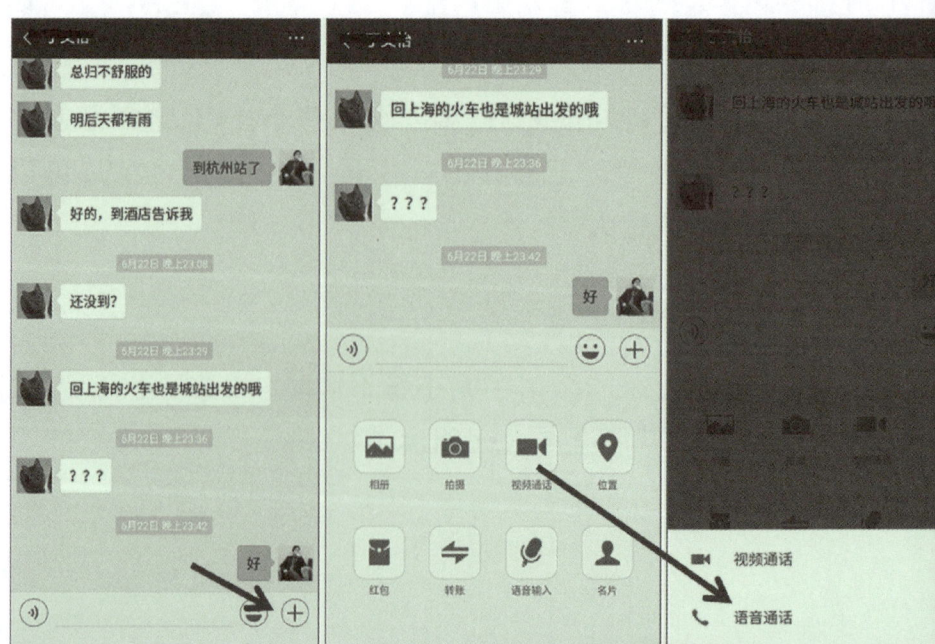

把一条通知发给所有人

找到微信群右上角小人按钮，在微信群设置选项里找到群公告栏目，并编辑公告，而后点击右上角【完成】，点击【发布】，通知就发给所有群成员了。不过要注意的一点是，只有群主才有"@所有人"的功能，群内的普通成员是没有的。如果你不是群主又想@所有人，那么要让群主进入微信群设置，点开"群管理"，选择"群主管理权转让"，让群主把群转让给你，而后，你就能@所有人发布通知了。

如何拒绝群组消息和设置置顶聊天

有些微信群里面有很多人，每天都会发很多消息在里面，导致微信整天更新不停，如何拒绝群组的推送消息呢？只需点击群组右上角"聊天信息"功

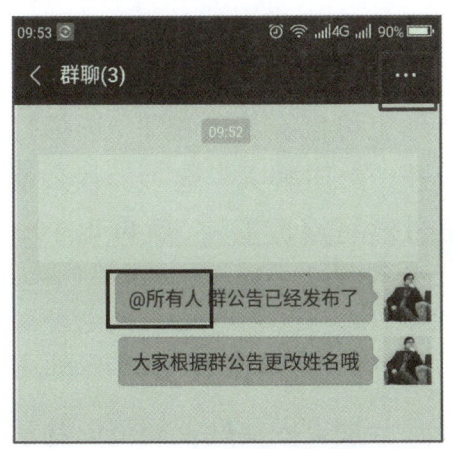

群主@所有人

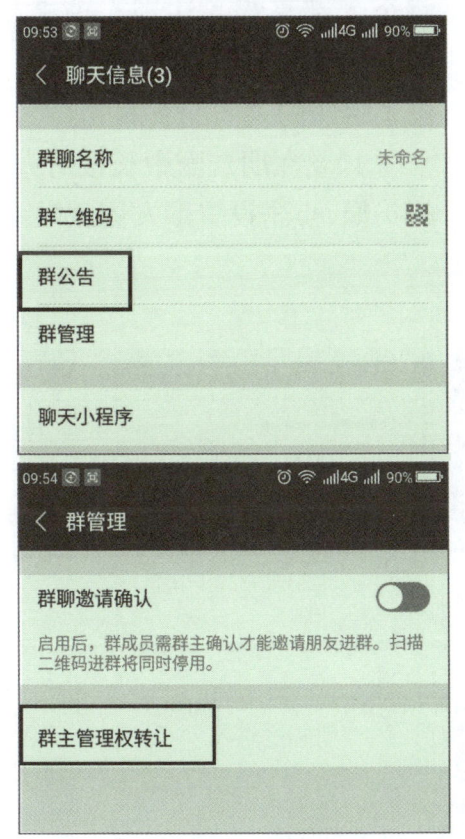

转让群主

智能生活

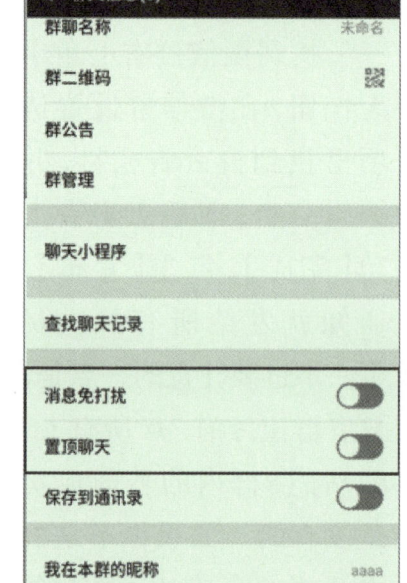

▲ 消息免打扰

▼ 设置朋友圈权限

能,打开"消息免打扰"功能。

假如这个群对你很重要,你也可以在该菜单下,选择打开"置顶聊天"选项,那么就可以将该群置顶,就再也不怕找不到这个群了。

如何拒绝朋友圈的信息推送

朋友圈在朋友间可以共享一些图片或文字信息,但不是每个人都喜欢关注别人琐事,如何屏蔽一些话痨或喜欢没完没了晒照的人的朋友圈呢?

只要在朋友圈中长按对方的头像,点击设置朋友圈权限。

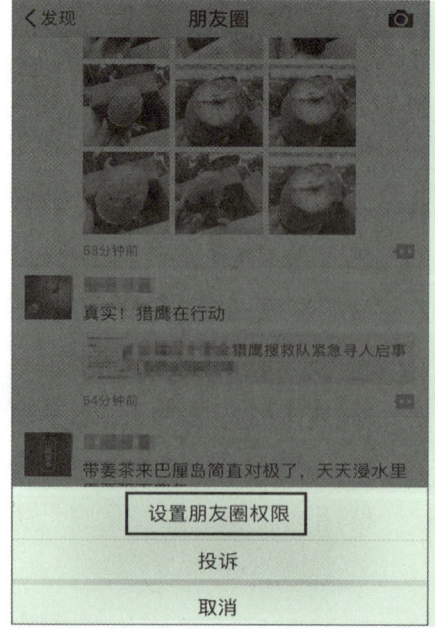
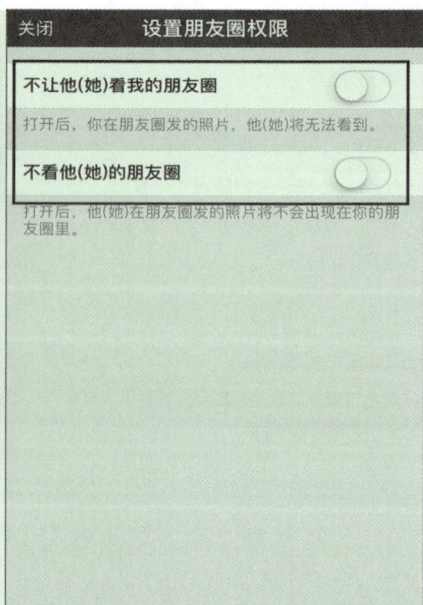

选择不看他（她）的照片，就可以拒绝看到对方的推送了。

假如你选择了"不让他（她）看我的朋友圈"，则你分享的朋友圈，对方也将看不到。

如何在朋友圈内发送纯文字消息

在朋友圈发布图片配文字的消息人人都会，但是如何发布纯文字的消息呢？其实一点也不难，只要在朋友圈界面中，长按右上角"相机"按钮就会切换出纯文字发送页面，编辑好文字内容点击右上角发送，就可以发布到朋友圈了。

朋友圈发纯文字 ▲

如何把手机上的照片传到电脑里

假如你外出，没带数据线，怎么往手机上传东西呢？这种时候就可以用微信网页版。在电脑上打开网址wx.qq.com，然后打开手机端的微信"发现——扫一扫"扫描电脑上的二维码，登录后，通过"文件

文件传输到电脑 ▲

传输助手"就能传输电脑中的文件到手机了。同样,手机中的照片或文件也可以通过这个方法传输到电脑中。

表情制作妙招

▲ 添加表情

"一言不发就发图"已经成为很多微信用户的常态,我们常常会看到很多表情,如果这些表情还不能满足自己的需求,那么可以自己来做。

在微信表情收藏那一栏,找到"+"号,拉到页面底端,点击"+"号,然后把你手机里的图片或者动图导入进来,就可以制作成表情。

保护微信中的隐私信息

虽然微信的各种功能很方便、很好用,但作为一种社交软件,微信在为人们工作生活提供便利的同时,如使用不当,也会带来一些安全隐患。以下几个方面,是老年人在使用微信时应当注意的:

很多老年朋友喜欢使用自己的真实照片作为头像,这很容易被不法分子盗用,进而冒用你的身份进行违法活动,所以不建议使用自己的照片作为头像。

不要使用自己的真实姓名作为昵称。昵称是任何人都可以看到的，毫无保密性可言，如果你现在还在使用自己的真实姓名作为微信昵称的话，那就尽快更换掉。

地区设置会显示在你的微信信息里，建议使用假的地理位置信息，不让不法分子有机可乘。

开启"加我为朋友时需要验证"选项。如果不这样做，你的联系人很多的话，可能有时陌生人加你为好友你都没有注意，从而给自己带来安全隐患。

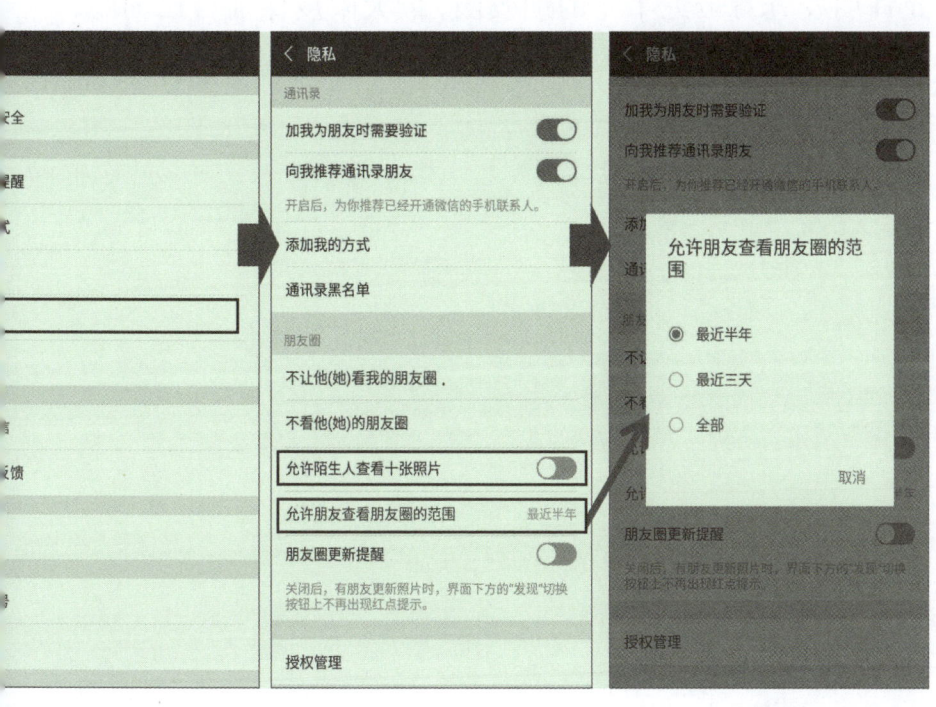

设置微信隐私

关闭"允许陌生人查看十张照片"选项。很多朋友的相册里会透露自己的照片或在无意中暴露了周围环境等，这些照片分享到朋友圈给自己的朋友看一看未尝不可，可要是被不法分子翻看到重要信息并加以利用就危险了，所以建议还是把这一项关闭吧。

　　微信密码设置不要过于简单,数字和字母尽量都要用到,并且字母要大写小写全都包含,最好加入"@"或者"."等符号,这些能够增加密码的安全等级,这样才最安全。

　　停用"附近的人"功能。启用该功能会暴露你的实时地理位置信息,如果您启用此功能有他用,那么用完后应点击"清除我的位置信息"选项,保护自己的隐私安全。

　　设置不允许陌生人查看自己的十张照片,同时设置只允许朋友查看最近半年的朋友圈,最大限度保证自己的隐私不会泄露。

第二篇 智能互联

移动支付

如今除了微信，现在智能生活最离不开的就是移动支付了，不论是支付宝还是微信支付都极大地方便了我们的日常生活。短信支付、扫码支付、指纹支付、声波支付等支付方式都改变了人们的消费方式和消费理念。以下我们就以"支付宝"APP为例，看看老年人如何开始享受这种便利。

"支付宝"是阿里巴巴旗下中国最早成立的第三方支付平台，如今已经被公认为电子钱包。

支付宝扫码 ▼

智能生活

支付宝已经深入老百姓的日常生活之中，点指之间就可以完成水电煤等生活缴费，免去了排长队的苦恼。不出门如何用智能手机缴费？如何用支付宝转账？接下来我们就一起来了解一下神奇的移动支付。

绑 卡 启 用

要使用支付宝，首先要在智能手机上安装"支付宝"APP，可以从应用商店搜索、下载、安装并进行注册。

1. 注册好后登录，进入"我的"，设置自己的支付密码。

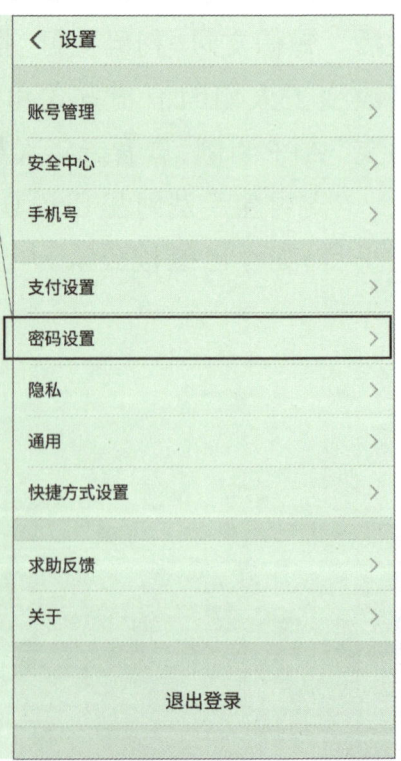

▲ 设置支付密码

2. 然后进行银行卡绑定，一定要使用自己实名的借记卡进行绑定，绑定完成后，就可以开始支付宝的便捷付费之旅了。

支付宝绑定银行卡

付款付费

经过多年的发展，支付宝已经拥有了众多的功能，覆盖到人们生活中的各个方面，真正实现了无现金社会，而对老年朋友来说，支付宝的很多功能也都很实用，学会后可以免去很多外出办事及排队之苦。

话费充值

1. 手机话费充值可以通过支付宝直接操作，打开支付宝，找到充值中心，输入充值金额和手机号。

智能生活

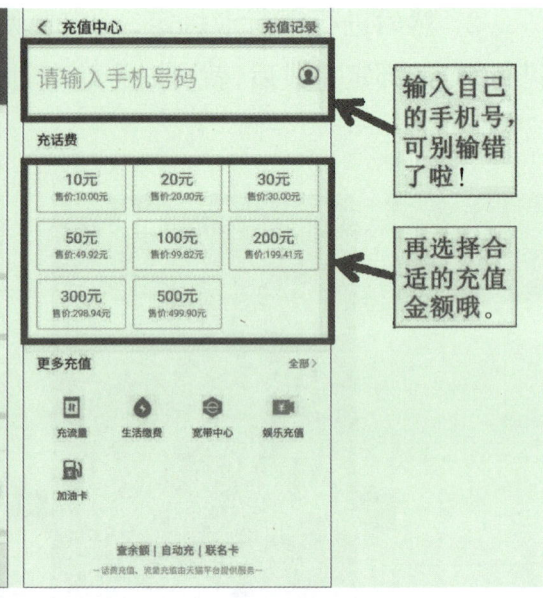

▲ 输入充值金额和手机号

2. 然后再点击立即付款，输入支付密码，出现最后的界面表示充值完成。

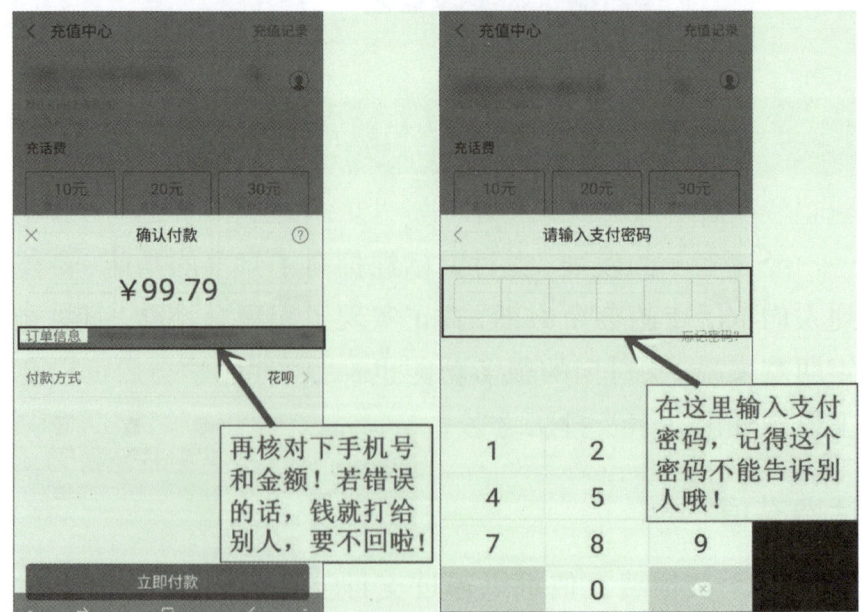

▲ 核对手机号和金额，输入密码

生活缴费

不出门如何缴水电费？利用支付宝就可以了。

1. 打开支付宝，找到生活缴费可以设置你所在的城市。

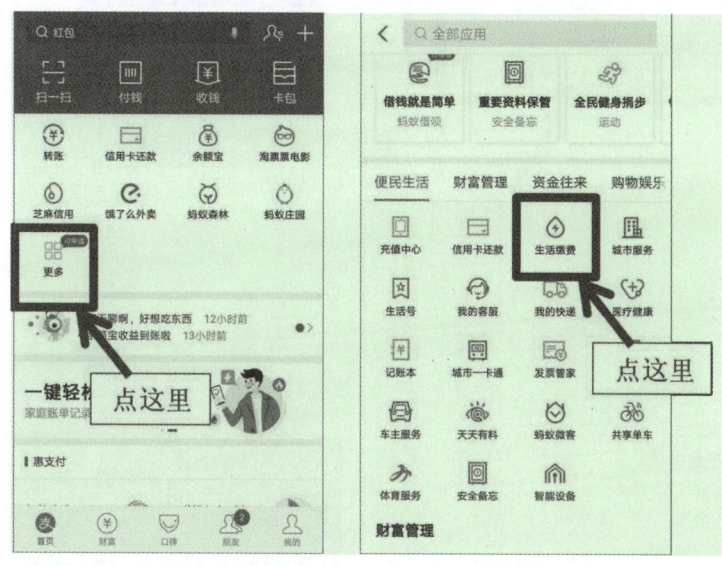

▲ 点击生活缴费

2. 在生活缴费里，可以缴纳水费、电费、燃气费、有线电视费、固话费、宽带费，还有物业费，不过如果图标变成灰色，说明你所在的城市还暂不支持这项服务。

3. 以缴电费为例，先点击"电费"图标，然后选择供电公司，输入你家的电费账户。

4. 接下来付款，就可以大功告成。

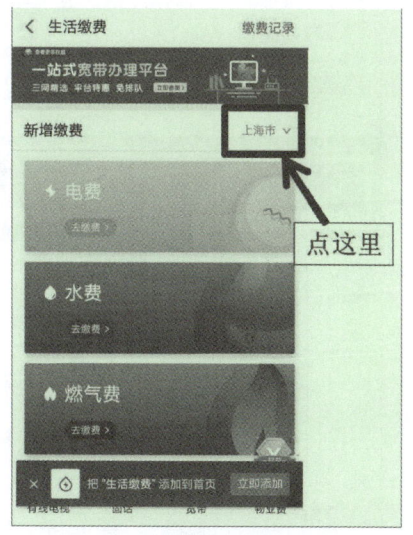

▲ 选择缴费所在城市

▼ 选择缴费机构，输入户号

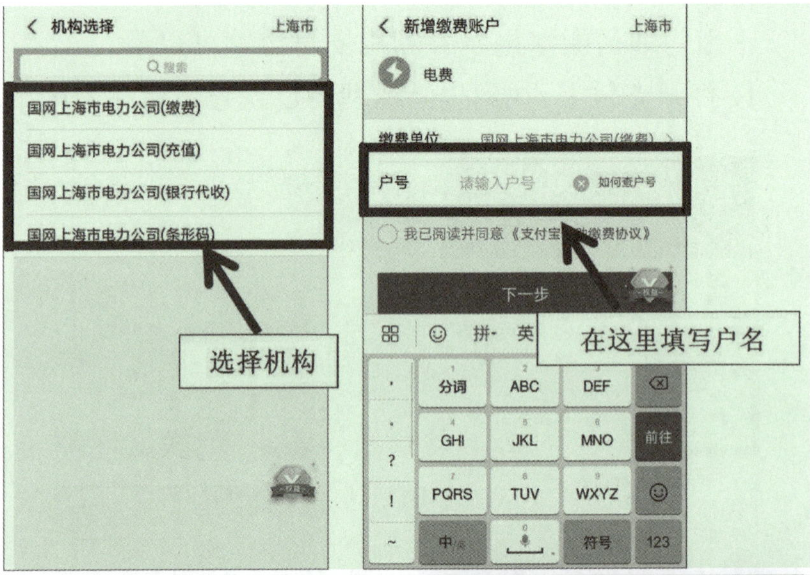

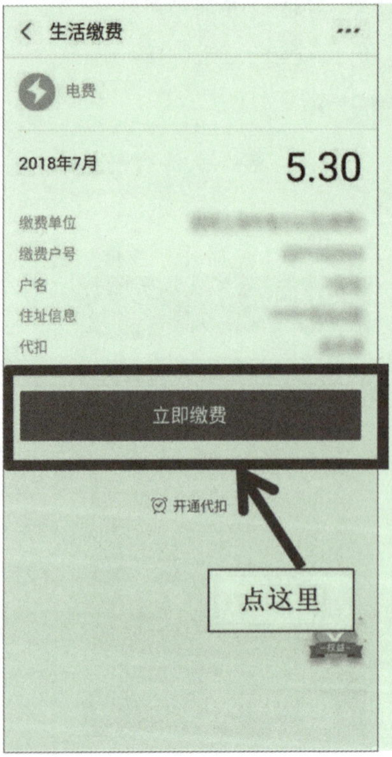

选择机构

在这里填写户名

▲ 立即缴费 　　　▲ 立即付款

点这里　　　点这里

5. 按提示输入支付密码后,看到下图,就说明缴费成功了。

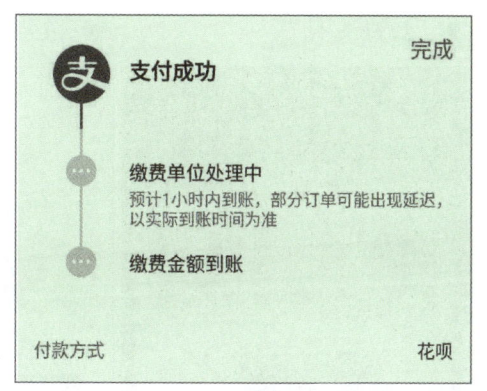

▲ 输入支付密码

线下付款

现在很多年轻人出门都已经不带钱包和现金了,那他们是如何实现付钱操作的呢?答案就是利用支付宝扫码支付。

1. 比如在超市或便利店买东西,无须带现金,只要打开支付宝,在首页上找到"付款"。

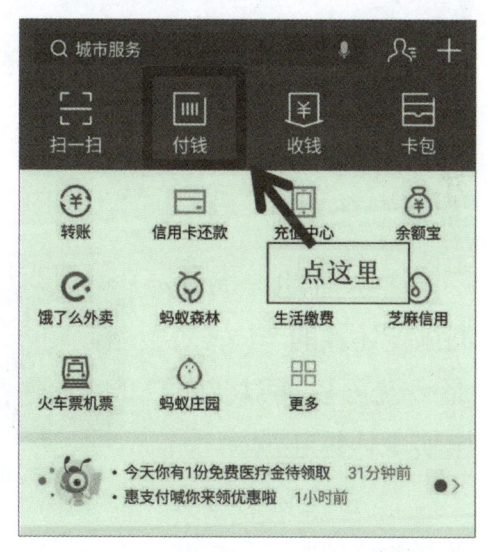

▲ 线下付款

2. 把出现在下一个界面上的二维码给柜台收银员扫描下,就付款成功了,可以提货走人。

3. 当你看到这张写着付款金额的图,就说明你付款成功了。

智能生活

▼ 扫码支付

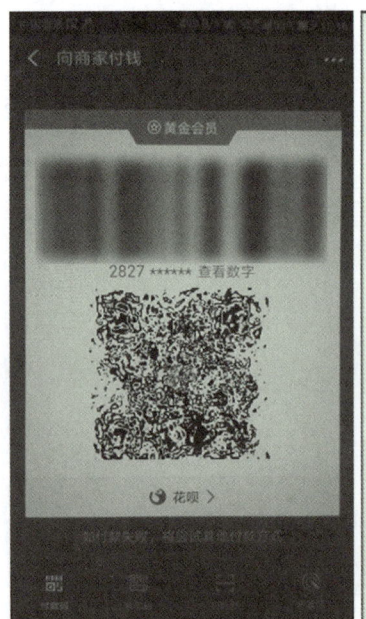

▼ 支付成功

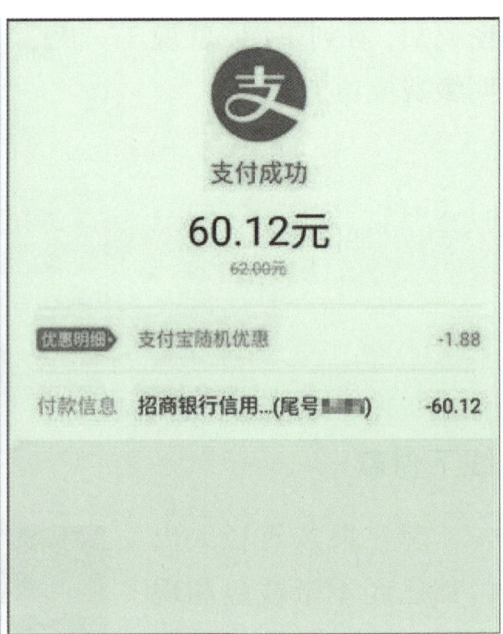

信用卡还款

如果你也是每个月固定还款的"卡奴",那么就可以通过支付宝实现快速还款。

1. 首先在支付宝里找到"信用卡还款"选项,你可以一次性集中管理你名下的所有信用卡。

2. 开通"还款提醒""预约还款"或"自动还款"等服务

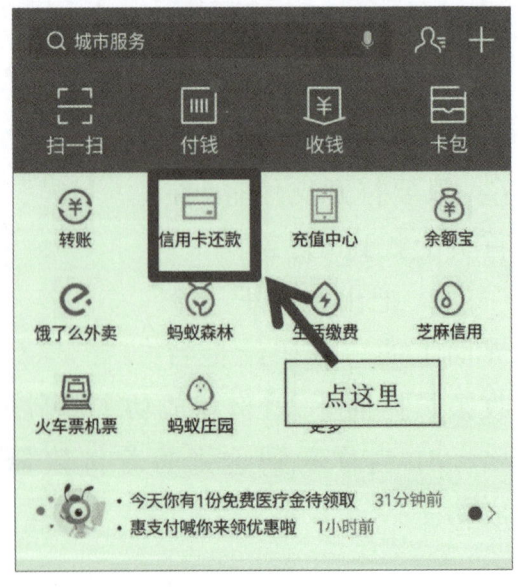

▲ 信用卡还款

后，支付宝还能直接自动读取账单里的还款数额，提醒你及时还清。

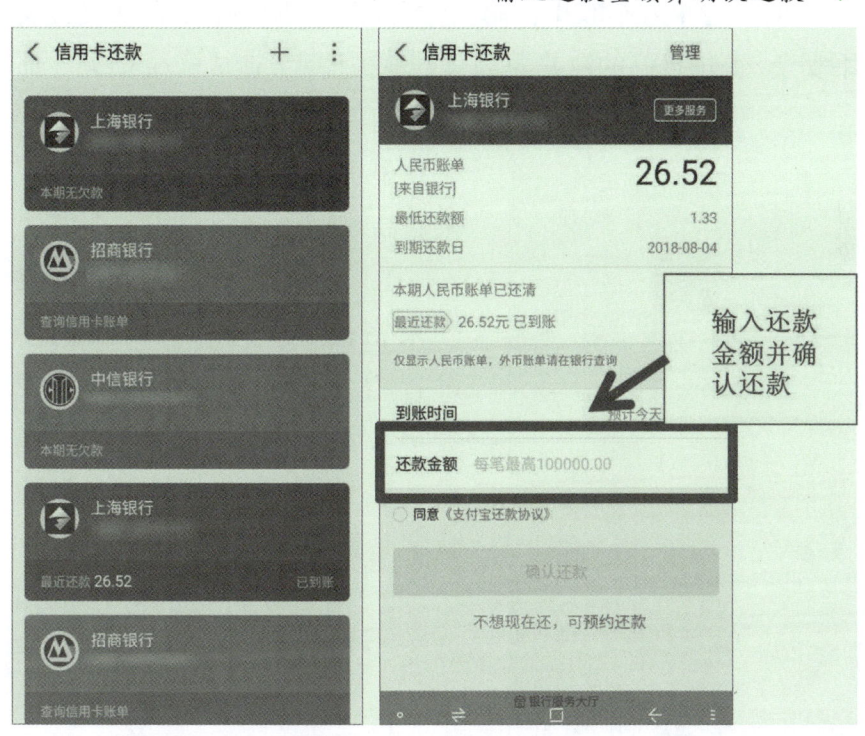

输入还款金额并确认还款 ▼

支付宝成了人们管理信用卡的重要工具，把所有信用卡都绑定在支付宝上，也可以将获取账单和还款提醒功能打开，避免逾期。使用支付宝管理信用卡的基本流程是：支付宝会提醒还款日快到了，手动预约还款。

还款时支付宝会自动填入本期账单金额，可以直接点击全额还款。现在支付宝已经获得了部分银行的自动获取账单授权，但大部分还是使用传统的查邮箱获取，也有个别银行的账单邮件会获取失败。

智能生活

账户安全

很多老年人不敢用移动支付就是因为搞不清楚移动支付安不安全,害怕自己的账户莫名其妙就被盗走,造成资金损失。那么如何保障我们的支付账户安全呢?下面介绍一些设置小技巧,来提高我们资金账户的安全度。

▼ 登录支付宝

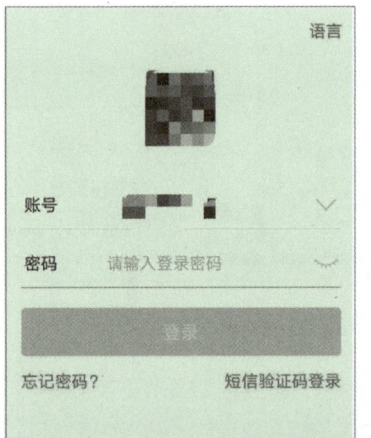

▲ 支付宝账户安全险

1. 首先打开支付宝都是要登录密码的,这个密码我们要设置得复杂一点,最好设置成数字+字母+特殊符号,这种模式的密码是很难破解的,而纯数字是最容易被破解的。

2. 用过支付宝的应该都知道支付宝提供账户安全险,一年2元,一旦我们账户的钱被盗,支付宝公司就会赔偿,最高赔100万。使用这个服务,也是以防万一的一种保障。

3. 另外,我们要关闭小额免密支付功能,以免有人多次小额转账把我们支付宝里的钱转走,一定要记住转账必须输入密码。在设置——支付设置——免密支付/自动扣款——小额免密支付菜单内把它关闭即可。

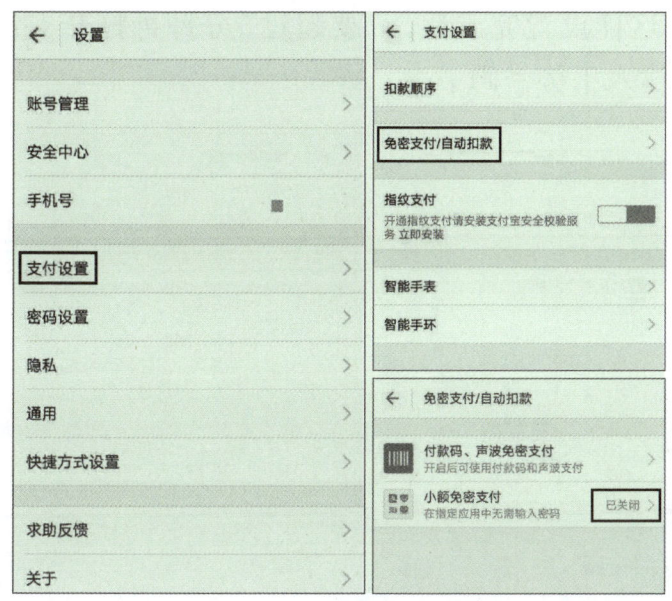

关闭小额免密支付功能

4. 用完支付宝后一定要退出，以免别人拿了手机直接操作造成钱财损失。我们可以设置一下手势密码，打开支付宝中的设置菜单，进入安全中心，开启手势解锁。

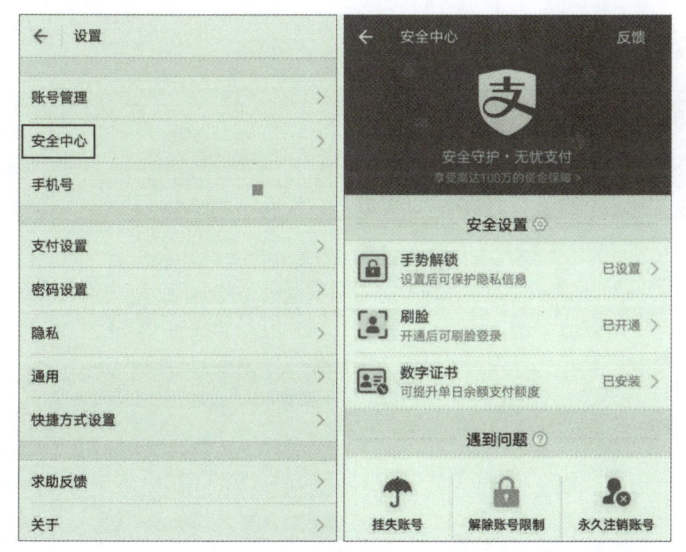

进入安全中心，进行安全设置

5. 这样设置完成后,只要超过5分钟再打开支付宝时就需要输入手势密码了。

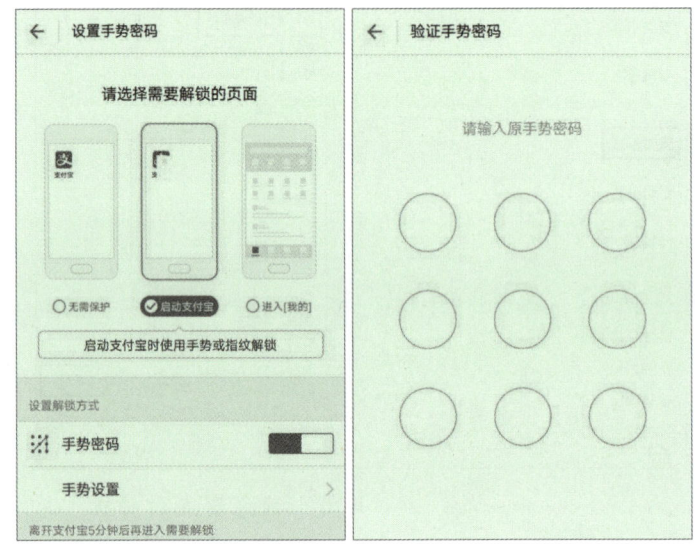

▲ 设置支付宝手势密码

6. 同样,我们也可以看到安全中心里的安全设置下面还有刷脸和数字证书,也都可以开通和安装。

▲ 设置刷脸和安装数字证书

7. 如果发现支付宝账号可能被盗，可以立马挂失或修改密码。

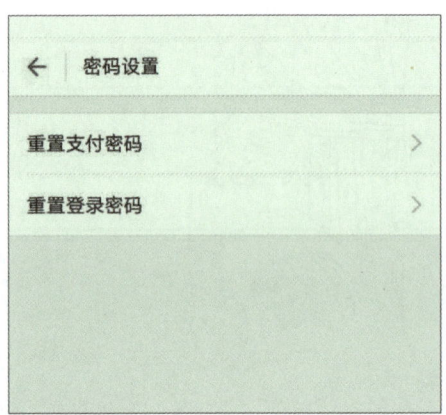
▲ 修改支付宝密码

学会了如何使用支付宝，老年人就可以对接更多的互联网生活，扫码支付、短信支付、指纹支付、声波支付、近场支付等，也就可以循序渐进地掌握了。

网上购物

网上购物是通过互联网检索商品信息,并通过电子订购单发出购物请求,然后填上私人支票账号或信用卡的号码,厂商通过邮购的方式发货,或是通过快递公司送货上门。中国国内的网上购物,一般付款方式有款到发货(直接银行转账、在线汇款)、担保交易及货到付款等。

很多老年人常在家帮子女接收快递,子女们每天在网络上尽情地消费,很多老年朋友也希望自己能够了解并使用网络购物的方式。以下我们就结合几种流行的电子商务平台,来说明网上购物并没那么难。

电商购物

首先,我们来了解一下最主流的网上购物方式——电子商城购物。所谓电子商城,顾名思义,就是把百货商店搬到了网络上,如今最知名的电子商城无疑是淘宝商城和京东商城了。我们以淘宝商城为例来看一下,老年人该怎么在网上购物。

智能生活

1. 我们可以先到智能手机应用商店中找到并安装"手机淘宝"软件。

2. 打开手机淘宝并进行注册。

▲ 安装"手机淘宝"软件　　▲ 注册"淘宝用户"

3. 注册完毕并登录后，界面如下图所示。

4. 返回首页，就可以购买货品了。点击想购买的商品后，出现购买页面并点击"立即购买"，就可以形成订单，确定商品的尺码、颜色、材料等选项后，就可以确定订单。

5. 订单确定后，需要在规定的时间内完成付款，选择支付宝、信用卡等支付方式都可以进行支付，输入支付密码后货物就购买完毕了。只要等待

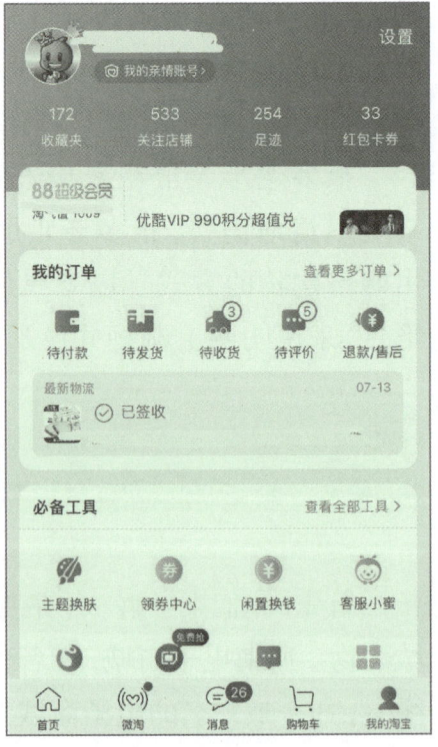

▲ 登录"淘宝"界面

第二篇 智能互联

 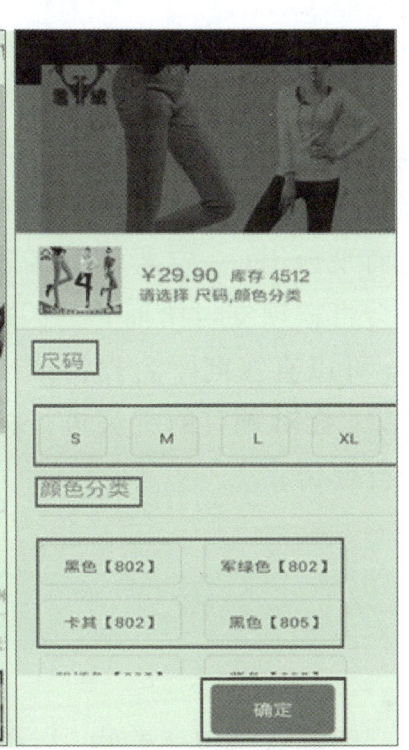

购买商品 ▲

确认订单 ▲　　　　　　立即付款 ▲

快递送货,待收货后确认收货即可。

有的老年朋友担心网上购物买到假货,其实大可不必担心。目前主流电商平台上的商户都进行了实名认证,顾客的支付款并不是直接打到商户的账户上的,而是暂存在电商平台上,一定要等顾客确认收货没问题了,电商平台才会将款项支付给商户。因此,假如收货后发现货品有问题,可以直接向平台投诉或申请退款,电商平台根据调查结果,会对顾客的损失进行补偿,同时对商户的不当行为进行处罚。

线上团购

团购就是团体购物,指认识或不认识的消费者联合起来,加大与商家的谈判能力,以求得最优价格的一种购物方式。根据薄利多销的原理,商家可以给出低于零售价格的团购折扣和单独购买得不到的优质服务。通过消费者自行组团、专业团购网站、商家组织团购等形式,提升用户与商家的议价能力,并极大程度地获得商品让利,引起消费者及业内厂商,甚至是资本市场的关注。

老年朋友在进行网上购物的时候,也可以尝试一下性价比极佳的团购平台,以下我们以美团团购为例,一起来了解如何完成一次团购。

1. 首先需要做的是下载并将"美团"APP安装好,然后点击进入美团,在里面输入所在的城市名称。

2. 然后返回美团的主界面,可以看到上面有各种各样的分类等待我们去选择。

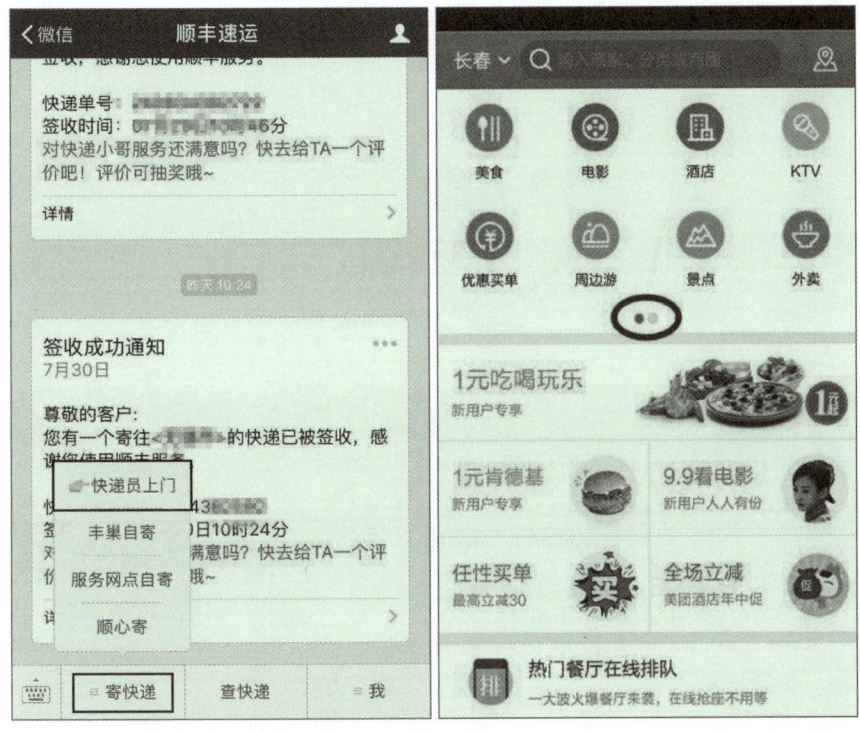

下载"美团",输入城市名　　　　　　　　浏览页面

3. 我们在想要购买的分类中找到想要购买的商品。

4. 然后需要登录我们的美团用户名和密码。

5. 最后再核对一下我们的订单是否正确,检查无误以后点击付款就完成了,是不是非常方便呢?

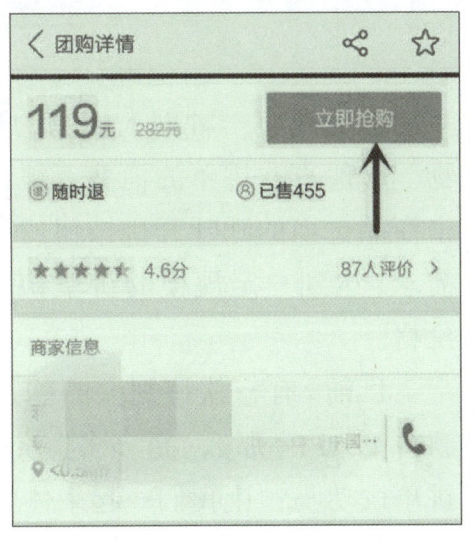

购买商品

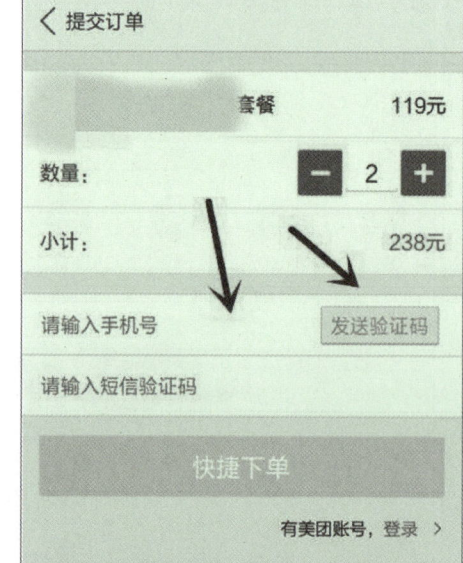

▲ 登录账户

▲ 支付订单

拼 单 购 物

最近还有一种网上购物的形式比较火热，就是拼单购物。一般喜欢拼单的消费者被称做"拼友"，拼友们通过点击商品页面的呼吁开拼按钮或者在朋友圈发消息登记购物需求，达到一定规模的拼单，就可享受到非常实惠的商品价格。

目前，有一款特别火的购物软件叫"拼多多"，就是一款拼单APP，那么"拼多多"该如何使用呢？老年朋友也能拼单成功吗？让我们一起来体验。

首先在应用商店下载"拼多多"APP，并完成账户注册。

1. 在首页点击下边搜索菜单，开始搜索想要的商品，出现搜索内容，点击自己喜欢的商品。

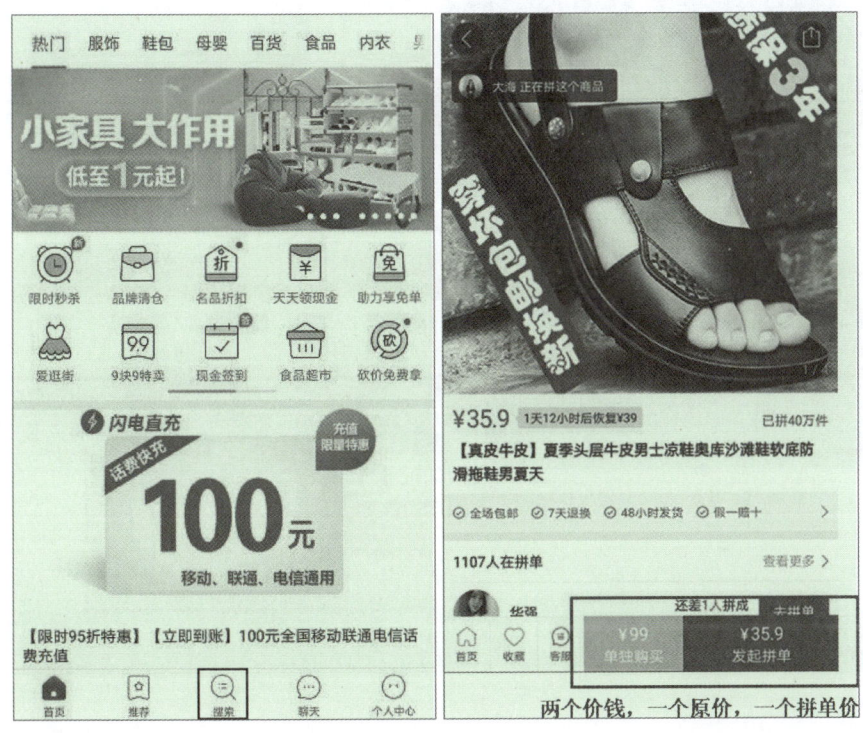

搜索商品 ▲　　　　选择拼单价格 ▲

2. 商品有两个价钱，一个是单独购买的价钱，一个是拼单的价钱，单独购买是产品的原价，拼单价有一定的达成条件，一般是满足若干人共同购买的条件就可以获得便宜的拼单价。

3. 碰到合适的心仪的商品，可以下单参与拼单，若拼单的人数不够，还可以转发给朋友来凑单，成单后，所有参与者都能以优惠的拼单价购买该商品。

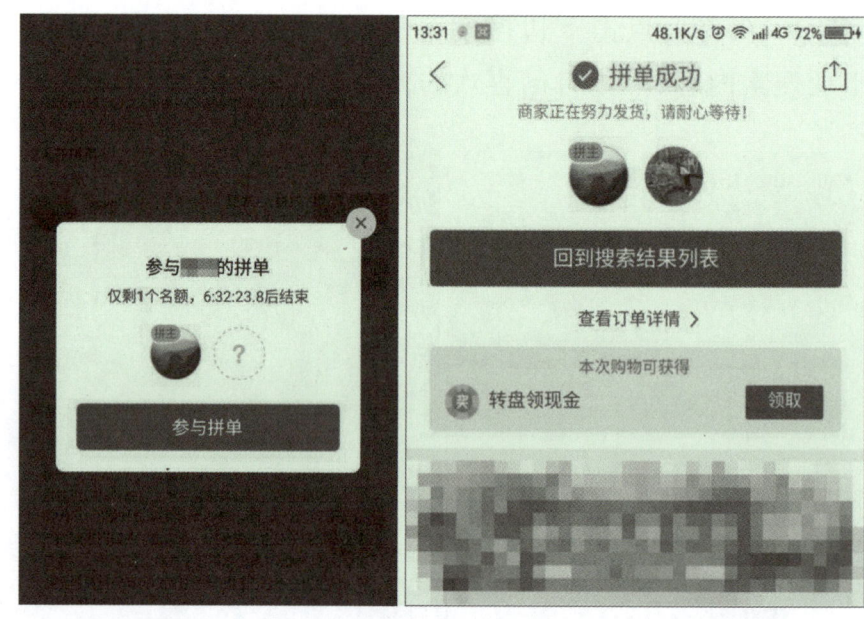

▲ 参与拼单

微商购物

现在很多微信公众号都开了微商城,这些微商城中,常常会有一些很有特色的商品,那么我们如何从这类微商城中购物呢?下面我们来了解在公众号中如何购物。

首先确保手机已开通微信支付,确保微信账号中有零钱,或微信支付绑定的银行卡有足够的金额。进入你想要购买商品的公众号。这里特别提醒老年朋友,在微信公众号中购买产品时,最好选择已经认证了企业信息的公众号,这种公众号基本都是企业行为,服务安全有保障!

1. 进入微信公众号之后,公众号一般都会把在线商城放在很显眼的位置,直接点击"商城"。

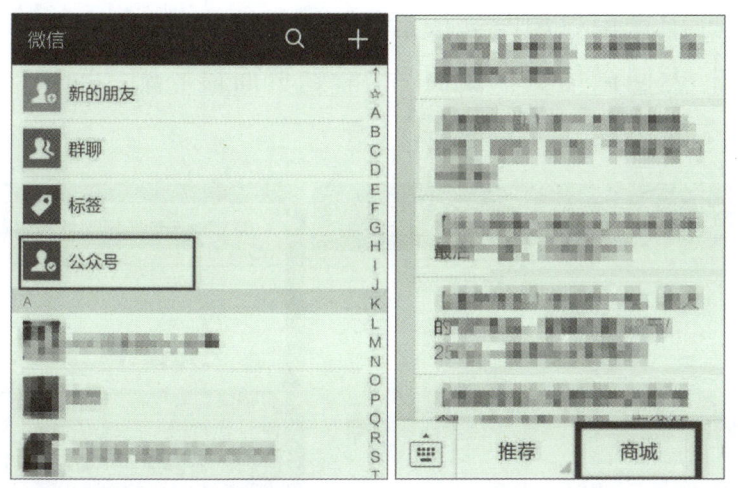

使用微信公众号　▲　　点击公众号中的"商城"　▲

2. 选择你要购买的产品，单击商品图片进入购买页面，选择产品规格，点击"立即购买"，接着在弹出框中，点击"下一步"进入支付页面。

3. 进入支付页面后填写配送信息。

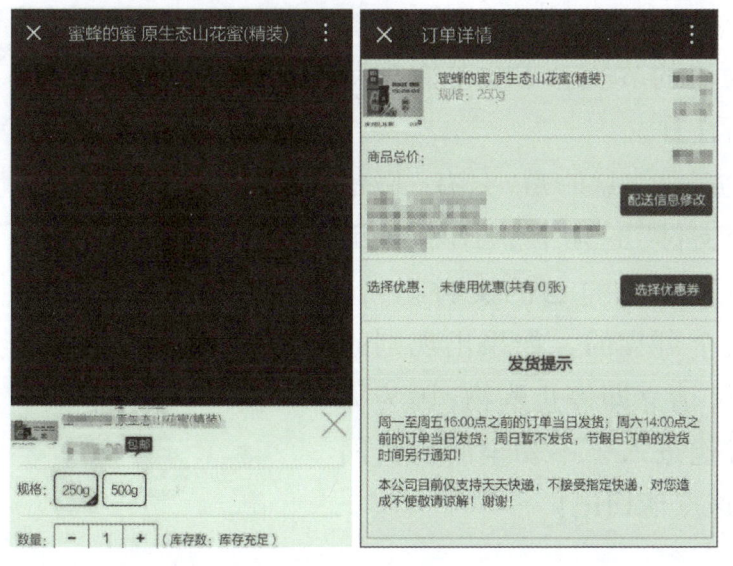

点击"立即购物"　▲　　支付页面填写配送信息　▲

4. 配送信息填写完成后,在右上角点击"保存"。

5. 返回微信支付页面后,滑到页面最底端,点击"微信安全支付",输入支付密码。

▲ 填写配送信息

▲ 微信安全支付

6. 一般来说微商城都有查看物流的界面,可以在待收货里面查看。

需要注意的是,只有"微信安全支付"这几个字出现,才证明这是微信自己的支付系统,是安全可靠的。如果出现别的字样,请立即停止购物,因为你有可能进入了不安全的钓鱼网站,这点请切记!

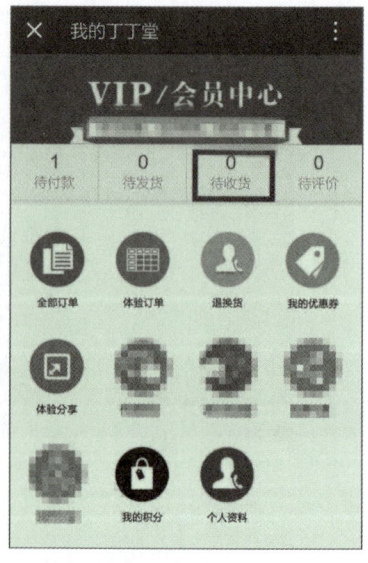

▲ 查询物流信息

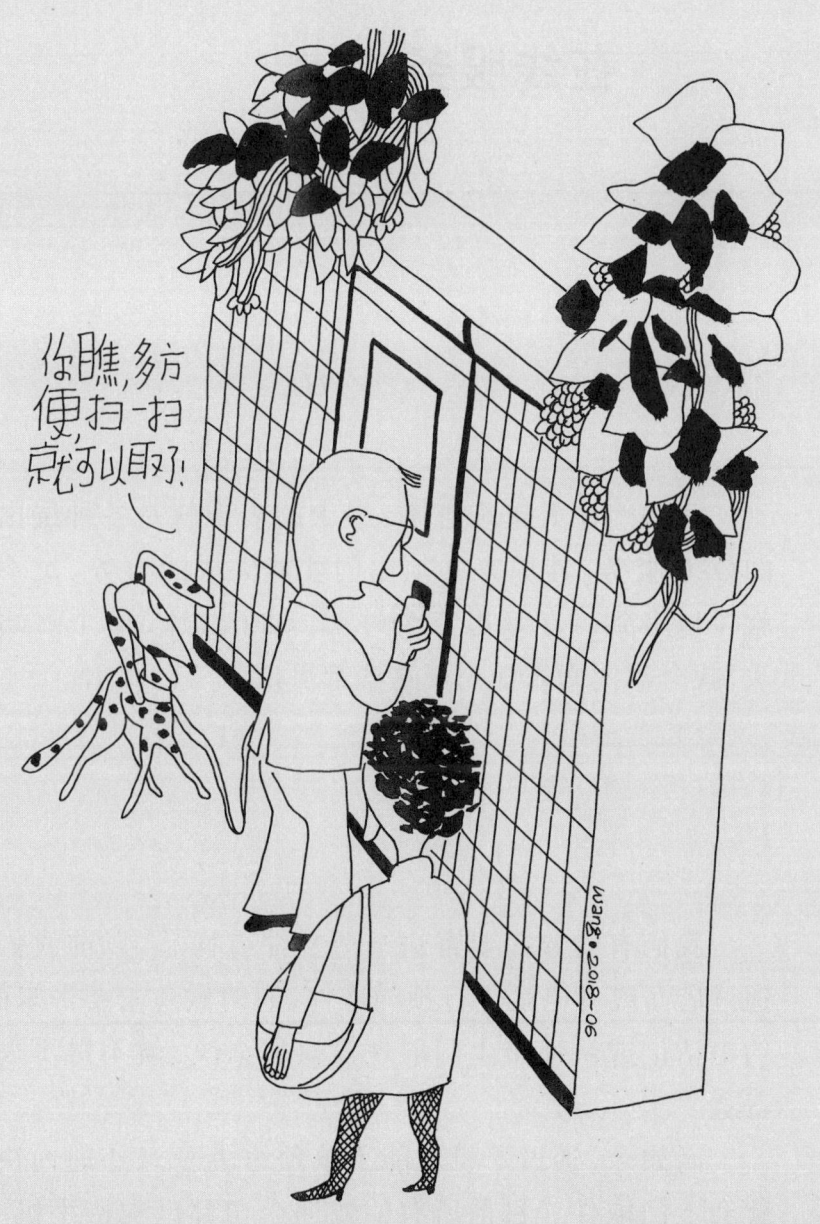

在线服务

互联网让人越来越懒，最大的表现就是各种层出不穷的O2O服务，让原来必须出门才能完成的事务，足不出户就可以办到。在家里点个外卖，叫个快递，雇个阿姨做家政，找个师傅修东西……这些都可以。

快递上门

我们有时候需要寄送一些文件或物品，以前我们习惯通过店面或者电话进行预约取件，有时候急着要寄东西，预约电话忙或快递员上门取件没有那么快，就不得不去网点寄送。

而如今，通过手机就能下单预约快递，1小时内快递员就会上门取件。目前所有的快递公司都已支持手机下单，我们以顺丰速运为例，一起来看一下具体是如何操作的。

1. 首先下载"顺丰速运"APP或关注顺丰速运的微信公众号，打开界面后，根据寄件的需求选择对应的菜单按钮。

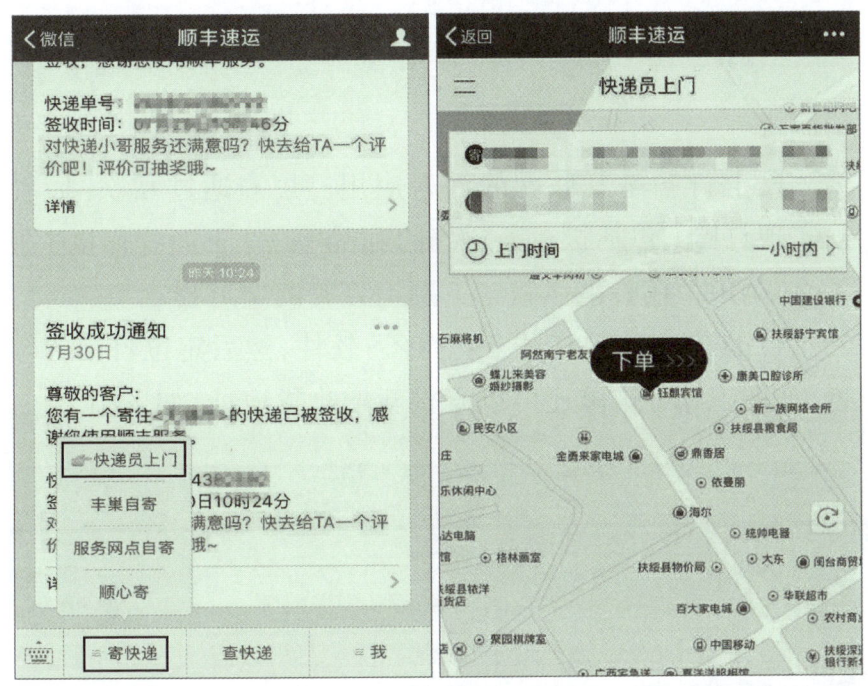

微信打开"顺丰速运"公众号　　　　　快递下单

2. 选择快递员上门收件后，需要将寄件人及收件人的姓名、地址和电话先进行录入，然后点击下单，就可以等候快递员上门了。

3. 快递员上门接收完寄送的货物后，会现场打印快递底单，并收取运

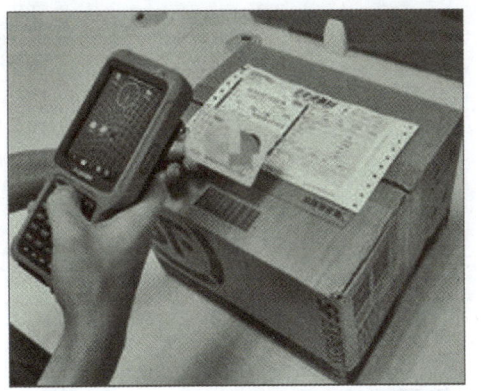

快递上门收货

费，运费可以选择寄付和到付两种方式，如果选择寄付，可以现金支付，也可以扫码支付，也可以在线转账支付。如果选择到付，则货物寄送到收件人处，由收件人支付运费。

智能生活

网 上 订 餐

网上订餐是互联网的深入应用。用户通过互联网,轻松实现订购(包括饭、菜、饮料、甜品等)。下面我们以"饿了么"APP为例,来体验一下网上订餐的全过程。

1. 首先安装并打开"饿了么"软件,然后定位自己的位置,如图点击(这里还可以直接新增收货地址,如下图)。

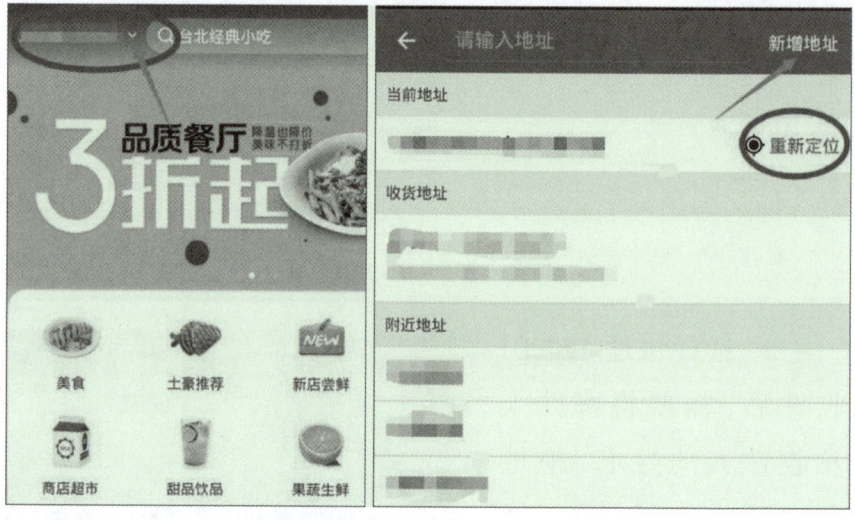

▲ 打开"饿了么"手机界面

2. 然后就可以在输入框中搜索自己想吃的美食,也可以浏览附近商家,直接点击。

◀ 搜索美食

3. 在进入商家之后点击所需商品后面的"+"号,就表明加入购物车了,选好之后点击"去结算"。

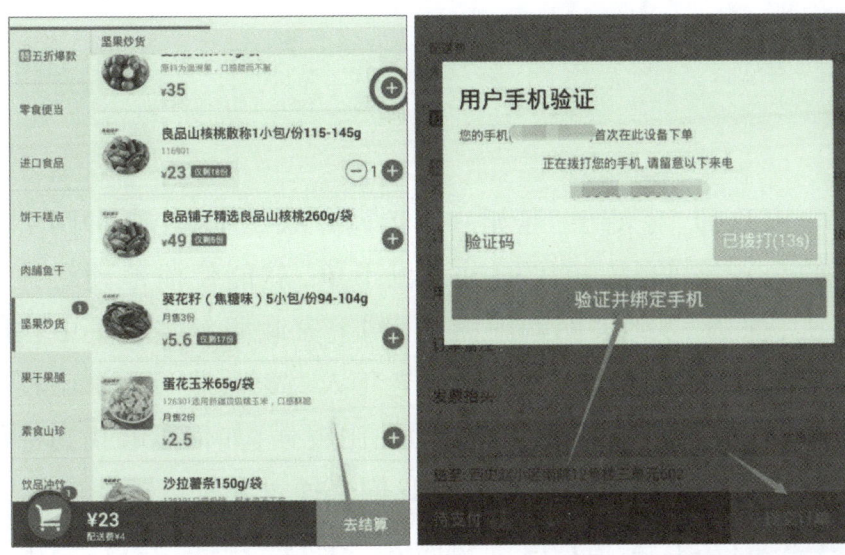

添加商品到购物车 ▲　　　　　　提交订单 ▲

4. 进入订单页面,选择地址,确认信息无误后点击"提交订单"。第一次点餐的话会接到一个语音提示的验证码,按要求输入验证码。

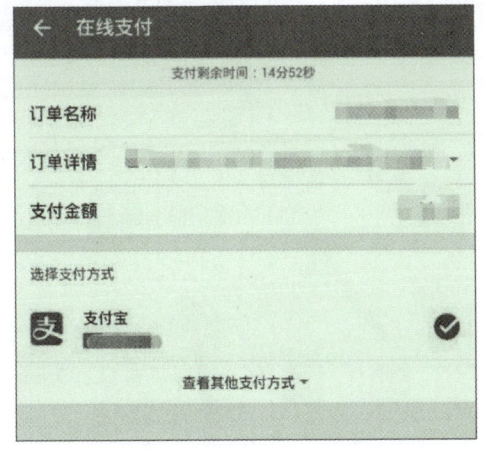

在线支付 ▲

智能生活

5. 选择支付方式,这里默认是支付宝,点击"确认支付"就完成了下单。接下来,就坐等你的外卖到家吧。

网上家政

家政师、宅洁士、帮姐……近两年来,涌现出各种网上家政公司或平台,市民通过手机下单,就能便捷地预约钟点工、保姆,实现"网购阿姨"。网上家政服务主要集中在保洁服务、住家保姆、月嫂等。老年人对家政服务需求比较多,而往往家政服务人员的流动性比较强,如何能够找到稳定又靠谱的家政服务人员呢?我们来通过手机试试。

1. 首先下载并打开"手机淘宝",选择"发现"栏目,点击"生活服务"。

2. 在弹出的"生活服务"窗口中,点击"家庭保洁"。

▲ 打开"生活服务"界面　　▲ 点击"家庭保洁"

3. 窗口打开后,我们可以了解到服务城市和服务单价,及一些详细服务范围等,直接点击"预约"按钮就可以进入预约订单。

4. 进入预约订单,选择你要的服务时间和服务时长,确定金额后,就可以点击"提交订单"。

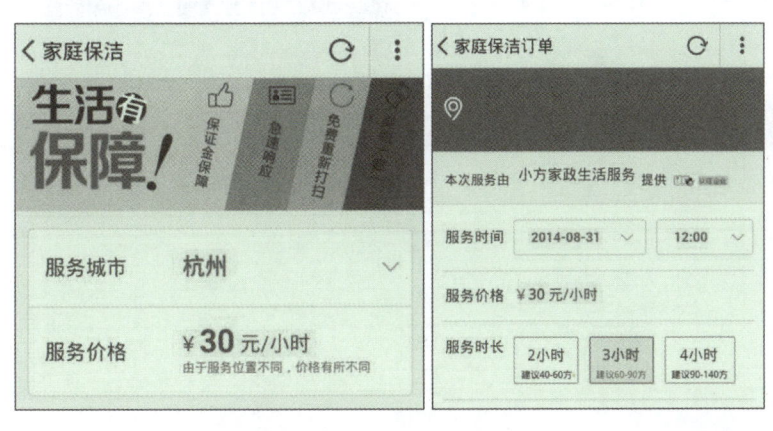

预约订单　　　　　　　提交订单

这时候确认你的订单,查看地址、时间、金额是否正确,如果无误,点击"确认付款"进行付款,就可以完成预约了。后台会自动分配家政人员上门提供服务。

万 能 维 修

日常生活中,家里的水管、电路、家电等,难免会出一些问题,要维修这些东西,一般要找物业,但物业维修的响应速度往往比较慢。而假如找小区周边的维修机构,不仅收费高,而且维修效果不靠谱。

在智能时代我们可以用智能手机来解决这一问题。我们以一个名叫"万能小哥"的生活服务类公众号为例,看家

智能生活

庭维修怎么实现网上订单和跟踪。

1. "万能小哥"是一个专注于本地服务的O2O平台,提供家电维修、保养、上门安装、刷新、翻新改造等服务,一键预约,即刻上门！我们首先要打开微信,搜索公众号,关注"万能小哥"。

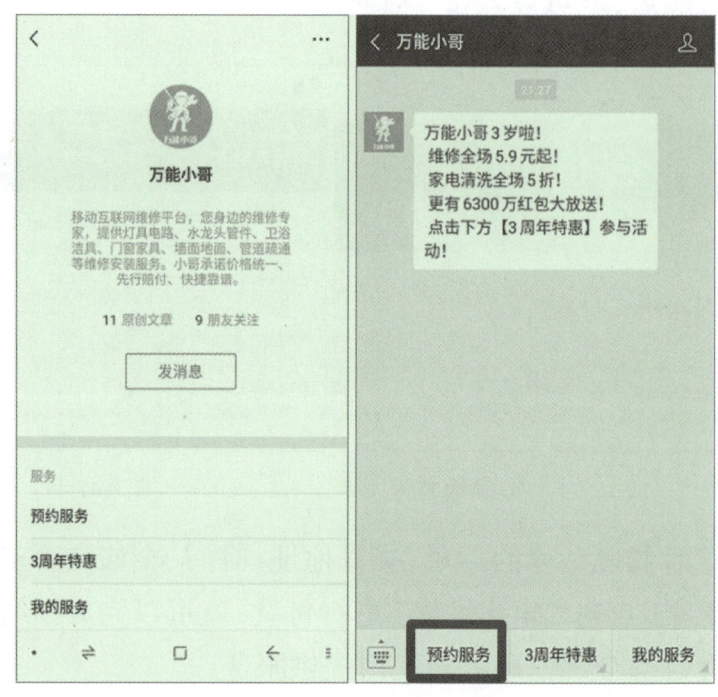

▲ 关注"万能小哥"

2. 点击"预约服务",可以看到有多种服务项目可以选,包括开关电路、灯具维修、开锁换锁、门窗家具、墙面地面、厨卫等,选择相应的服务项目。我们以"开关电路"为例。

3. 完善预约信息,填写你的联系方式、地址、备注信息等,确定预约的上门时间,然后点击"立即下单",完成预付的定金后,订单就成了。

4. 订单完成后,可以在"用户中心"中的订单中心里查看自己的订单。

第二篇 智能互联

维修下单 ▼

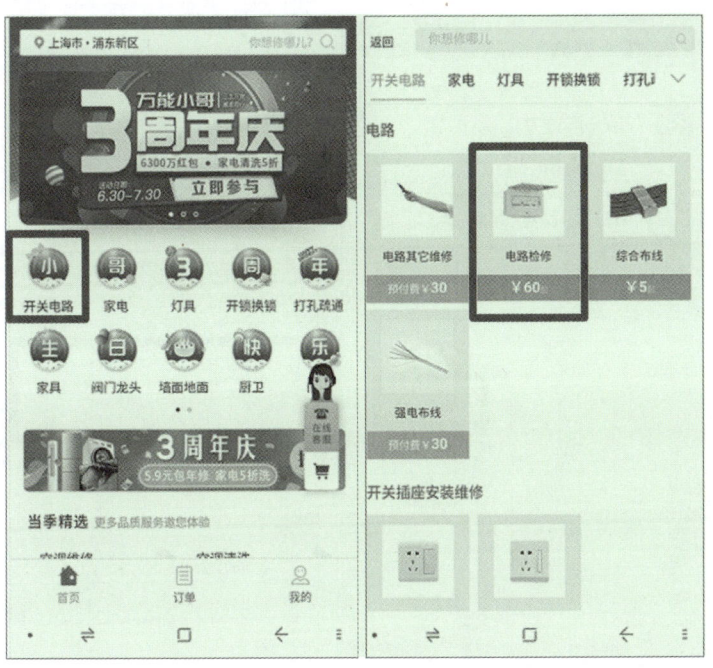

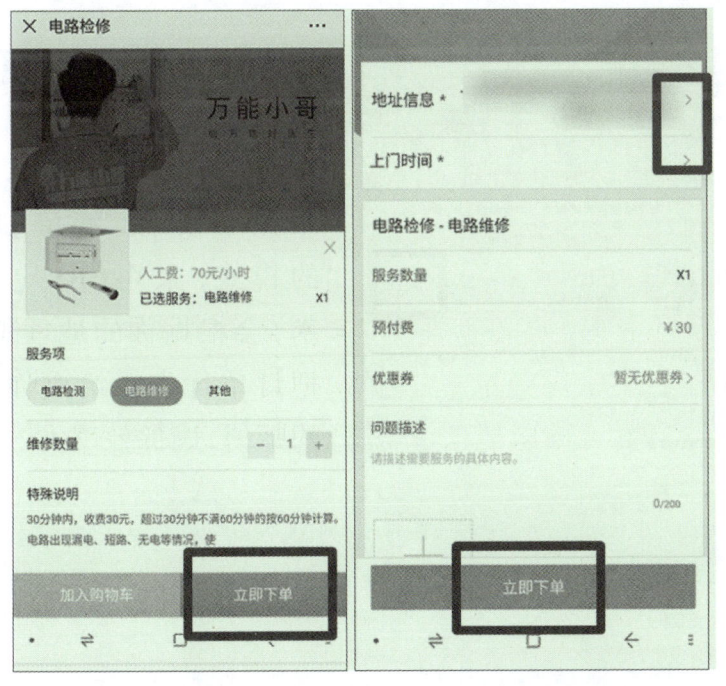

完善预约信息 ▲

智能生活

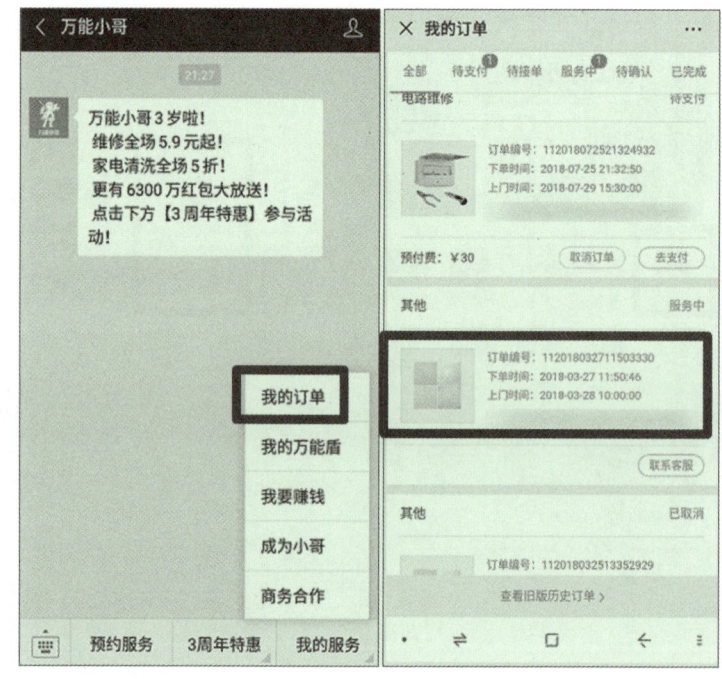

▲ 查看订单

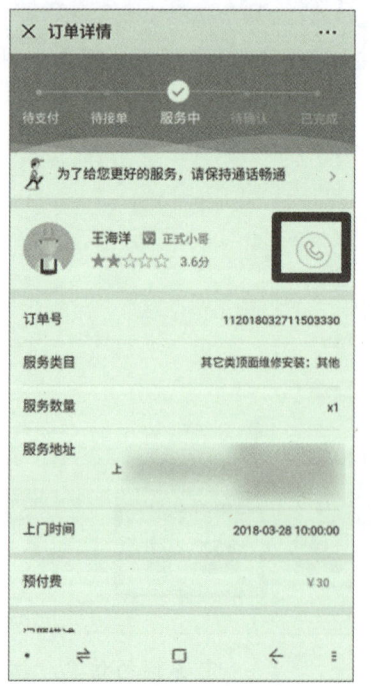

5. 维修师傅接单后，就可以看到上门师傅的基本情况了。在功能上，APP采用了类似"滴滴打车"的模式，采用LBS定位技术，会根据你的地理位置，把订单优先派给离你最近的师傅，确保效率。

◀ 查看维修师傅信息

一般下单后,5～10分钟,就会有师傅接单打电话联系你,询问具体情况和你的需求,沟通后,师傅再上门服务。上门服务完成后,可以选择付现金给师傅,也可以进行在线支付。在线支付的好处是,假如有一些故障维修完之后需要一定的观察期,则可以要求在观察期内对故障进行保修。平台会对此进行监督,以保障消费者利益。

 便捷交通

互联网在出行领域的创新可以说是百花齐放，就拿我们经常接触到的网约车来讲，有滴滴、神州、美团打车等，以及近几年发展正盛的共享单车摩拜、OFO等。从长途出行到短途出行应有尽有，方方面面都覆盖到，极大地方便了人们日常生活出行。

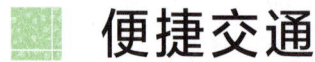

地 图 导 航

我们现在出行都离不开地图导航，通过APP就能预先安排自己的出行路线，开车时也可以进行目的地导航。以下就以高德地图APP为例来说明手机导航到底如何操作。

1. 首先要在我们的手机上安装"高德地图"，进入地图主界面，点击"路线"，输入起始地和目的地，点击搜索，默认是叫车，表示出租车的行驶路线，还可以根据需要进行切换。选择公交的话，就是前往目的地的公交换乘方式，选择骑行、步行的话，就会依据最短距离给出规划的路径以及估算的时间。

第二篇 智能互联

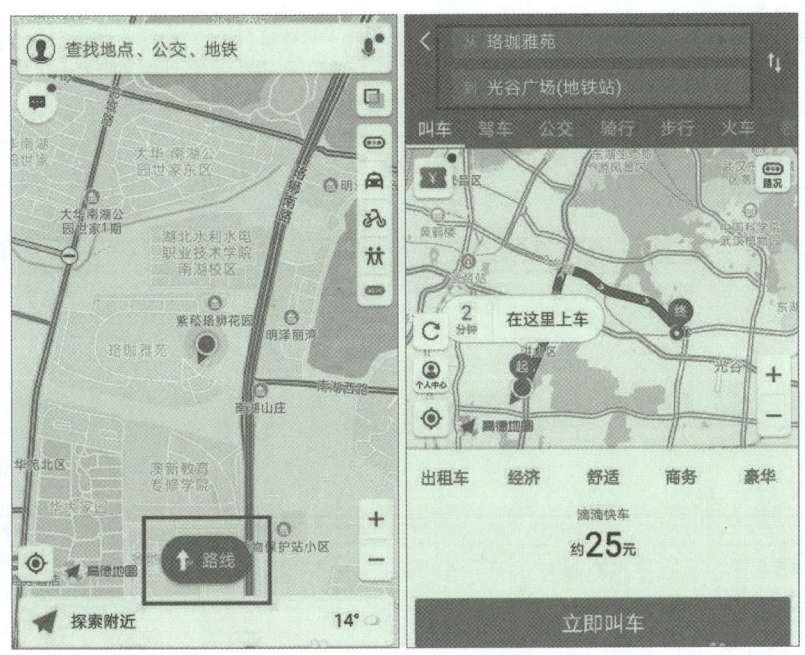

点击"路线",输入起始地和目的地 ▲

2. 假如需要驾车导航,则切换成"驾车"选项,APP会提示你有几种行驶方案进行选择,默认是时间最短的,还可以选择路程最短,点击开始导航,就可以出发了。

3. 导航开启后,会有语音提示行走的路线,导航路线中绿色代表畅通,黄色代表缓行,红色代表拥堵。中途不需要导航了,可以点击退出导航。

点击"开始导航" ▲

81

▲ 导航示意图

乘 地 铁

以前地铁出行要交通卡，要不定期充值，有时候地铁站充值的人多了，还需要排队等待。现在乘坐地铁也可以手机扫码了，真的很方便。老年朋友也可以尝试一下，让自己的出行更便捷。

1. 要实现上海地区地铁的扫码乘坐，可以安装一款APP"Metro大都会"，安装好以后，进入软件。选择"我的"，然后进行登录。登录方式选择支付宝登录，这样后续使用的时候会比较方便。

2. 页面跳转到支付宝，然后进行授权、登录。进入Metro大都会的主页面，点击乘车，会有提示需要我们打开蓝牙。我们选择"是"。

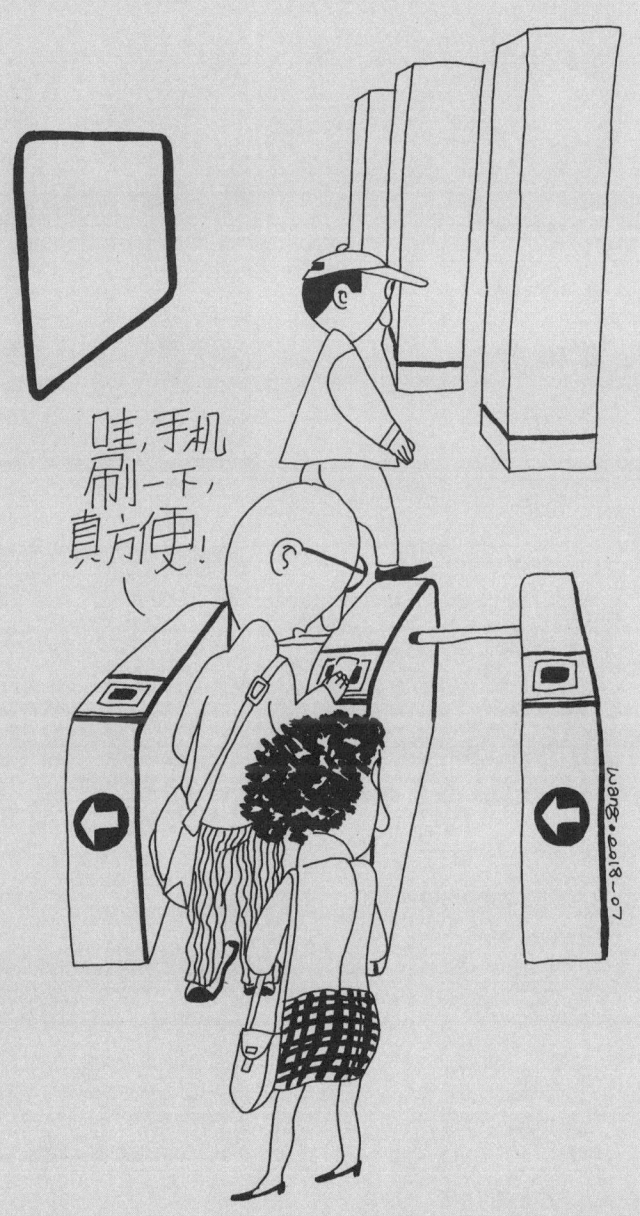

智能生活

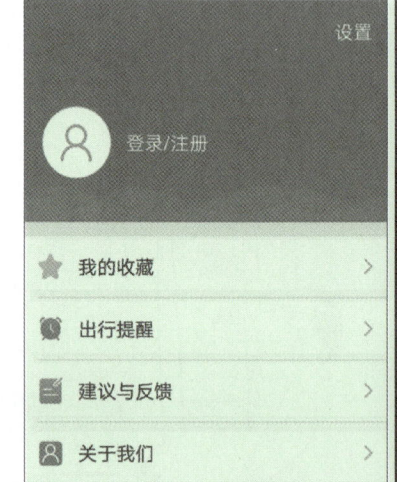

▲ 登录"Metro大都会"

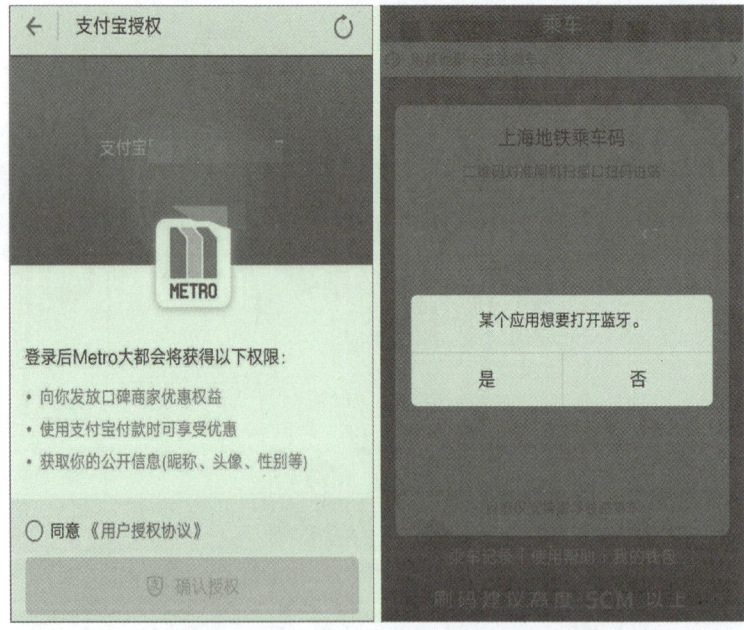

▲ 授权支付宝

　　出现身份验证页面，我们按要求填写个人信息。支付方式可以选择支付宝、微信、银行卡。支付宝和银联都有不定期的优惠活动，可以任意选择。这些操作完成后，我们就可以扫码乘车了。

3. 在乘车时打开APP，会跳出一个二维码，把手机上的二维码对准地铁口的刷卡口就可以了。

扫码后就可以进站。可以关闭这个软件，也可以不关。在出站时打开软件，点击乘车，还是同样的扫描二维码，就可以出站。

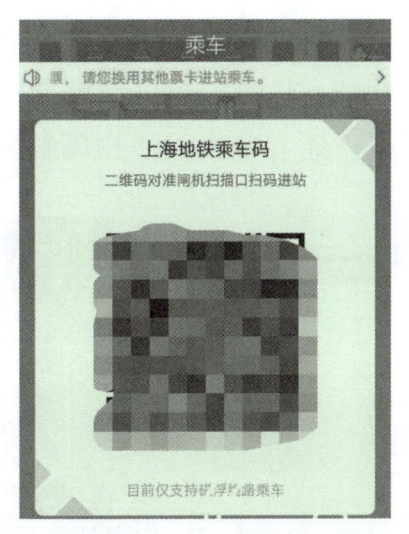

▲ 出示二维码乘车

共 享 单 车

现在上海到处都有共享单车，地铁、公交站附近都能找到，黄色的、橙色的，骑完停在路边停车线里就可以了。

1. 以ofo小黄车为例，先下载安装一个"ofo共享单车"APP。

2. 到地铁或公交站台附近，找到一辆单车，查看它的号码牌或二维码，有的在车座下，有的在车把前。

安装"ofo共享单车" ▼　　　　　找到小黄车 ▼

智能生活

3. 打开APP，点击"扫码用车"，扫描二维码，开启蓝牙功能，有些车会自动解锁。有些车会跳出一个4位解锁密码。还有些车无法扫码解锁，需要手动输入车牌号。

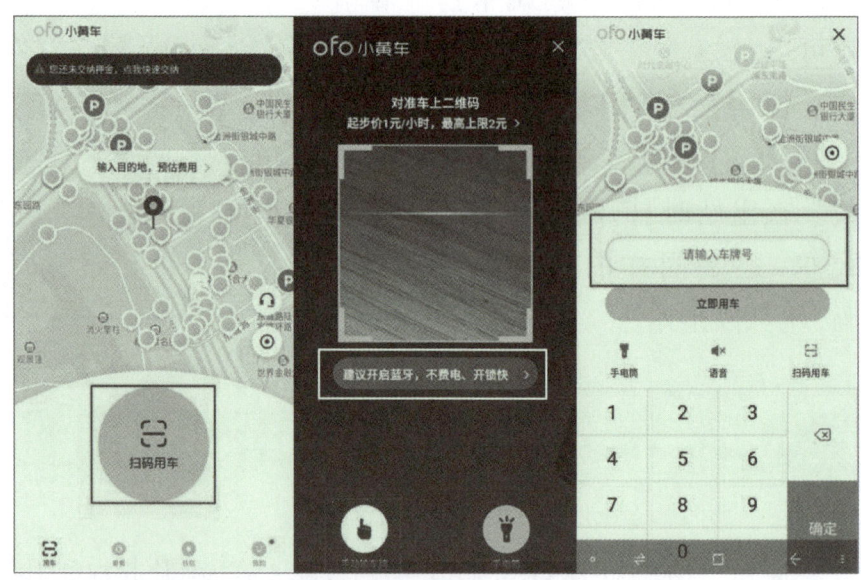

▲ 点击"扫码用车"，扫描二维码或输入车牌号

▲ 解锁共享单车

4. 根据APP上显示的单车的解锁密码，在车锁上按下，并按密码下面的开锁按钮，单车就解锁了。

有时候会遇到坏的车，可以通过APP报修，别让其他人骑到坏的自行车了。车把右手边的转轮是车铃，骑的时候要注意安全。

网 络 约 车

近几年,网约车APP改变了传统打车方式,培养出移动互联网大时代下引领的用户现代化出行方式。利用移动互联网约车,线上与线下相融合,从约车到下车并使用线上支付车费,形成一个乘客与司机紧密相连的O2O完美闭环,最大限度优化乘客打车体验,改变传统出租司机等客方式,让司机师傅根据乘客目的地按意愿"接单",节约司机与乘客沟通成本,降低空驶率,最大化节省司乘双方的资源与时间。

现在马路上,扬招已经很难再打到出租车,对老年人来说,真有必要好好了解下如何通过互联网约车,以方便出行。

1. 以"滴滴出行"APP为例。首先打开"滴滴出行"软件。

2. 在下面"您要去哪儿"输入目的地,点击"呼叫出租车"。APP会自动为你生成当前位置到目的地的路线,并为你安排附近的出租车,附近的出租车司机选择接单后,你可以在APP界

安装"滴滴出行"

智能生活

面上看到接单出租车目前的实时位置,还可以通过电话和司机联系,更准确地让司机找到你所在的位置,方便司机过来。

有时候下班高峰或者下雨天,叫出租车比较难,你还可以在APP顶部的菜单中,选择"专车""豪华车""快车""顺风车"等车辆类型试试。APP可以提供多种类型的车辆短租服务。

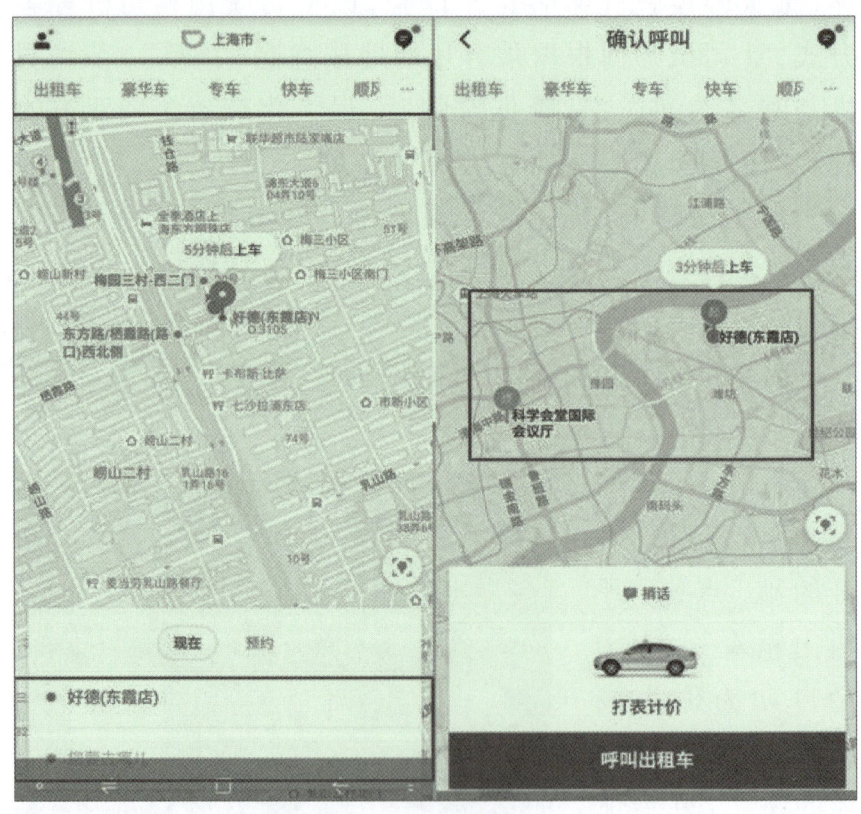

▲ 输入地址,呼叫车辆

到达目的地进行付款时,支付有两种方式,一种是现金付款,一种是网上支付,如果是选择现金支付,在支付完现金后要提醒司机结束你在APP上的行程。

3. 如果选择网上支付，在APP中结束行程后的界面中，核对好金额后，选择支付宝或微信支付，点击"确认支付"即可。

支付完毕，需要你给司机评分。如果司机很好就给好评，不好的话，可以投诉。选择你给他的"星级"。输入你想给的评价语。点击"提交评价"就可以了。

如果司机师傅态度不好，可以点击右上角"投诉"进行投诉。

到达目的地，"确认支付" ▲

如今，通过互联网/移动互联网，借助便携的终端上网设备，人们可以主动获得旅游资源、旅游经济、旅游活动、旅游者等方面的信息，及时安排和调整工作与旅游计划。

"银发旅游"是旅游市场的主力军之一。老年朋友还可以使用哪些智能化工具，增加旅游中的乐趣呢？我们来了解一下。

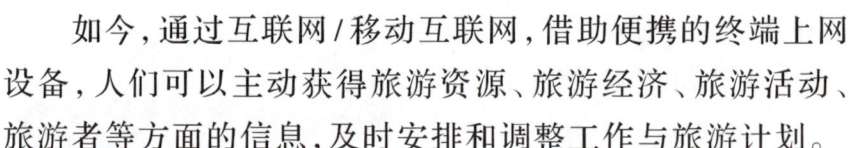

要开始一段旅程，首先要确定行程，我们可以找一款旅游APP来辅助我们设计线路、行程攻略。

1. 以"携程旅行"APP为例，在我们的手机里面安装并打开"携程旅行"APP，登录账号进主界面，点击"目的地攻略"。

2. 进入目的地界面之后，选择要去的地方，可以通过关键字进行搜索。

打开"携程旅游" ▲　　　　选择目的地 ▲

3. 在旅游攻略的主界面可以看到景点、住宿、游记、美食等。

4. 首先点击景点,可以提前一天订票。点击住宿,可以通过筛选条件进行筛选,预订晚上住的地方。此外,我们也可以看一下旅游的攻略、游记。

这样我们的游线就定好了,可以放心大胆地整理行囊,准备出发。

查看景点、住宿、游记等信息 ▲

智能生活

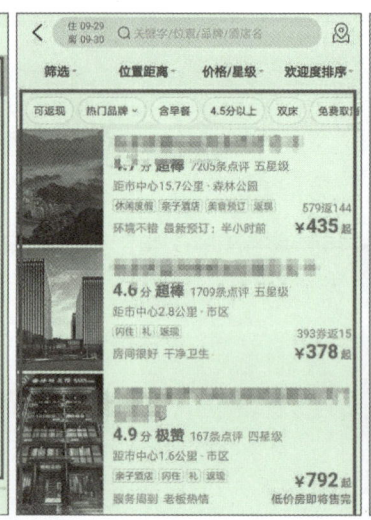

▲ 查看景点、住宿、攻略

火车订票

旅游出行，大交通也可以通过互联网来解决。先来说说如何使用手机订购火车票。

▲ 安装"铁路12306"

1. 首先要下载"铁路12306"订票APP，注册好账户后登录。现在的12306火车订票系统，已经开通了支付宝和微信支付功能，可以支持更多的支付方式。

2. 打开APP后，选择出发地、目的

地、车次和座位,选好之后点击完成,提交订单。

3. 提交订单之后会显示确认支付的界面,我们核对一下信息,然后点击立即支付。

4. 我们会看到许多支付方式,如下图可以选择最下面的微信支付,然后提交支付即可。

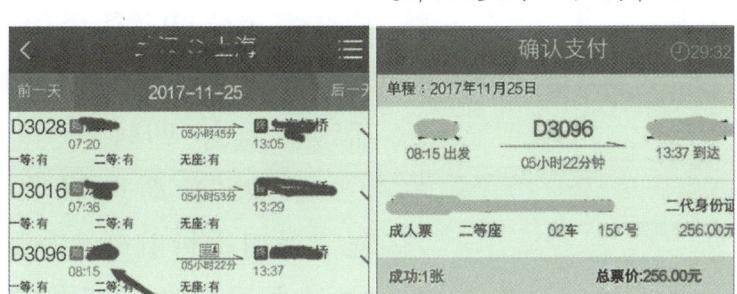

选择出发地、目的地、车次 ▼

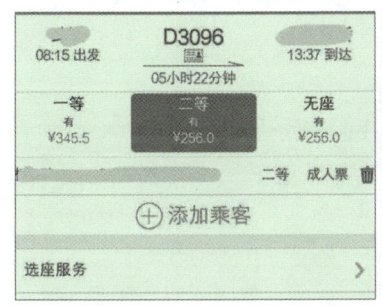

添加乘客,选择座位 ▲

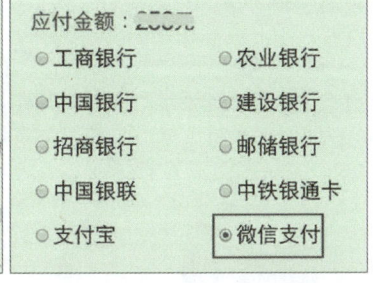

支付 ▲

最后会跳到微信支付界面,这时候点击确认支付就好了,十分方便。

飞 机 选 座

大多数人在淘宝、携程或者航空公司网站上购买了机票,乘机当天才到机场领登机牌、选座位等。这时候除了头等舱

智能生活

▲ 安装"航旅纵横"

机票,其他的通常只能选比较靠后排的座位啦。大多数人希望选择前面的座位或者靠近逃生窗口的座位,这就需要专门的APP来帮忙了。

1. 首先,安装一款名为"航旅纵横"的APP软件。

2. 安装好航旅纵横APP后,如图点击"即刻起飞"。

3. 对"自动提取航班行程""及时推行航班动态"以及"快速办理手机选座"等选项选择同意。

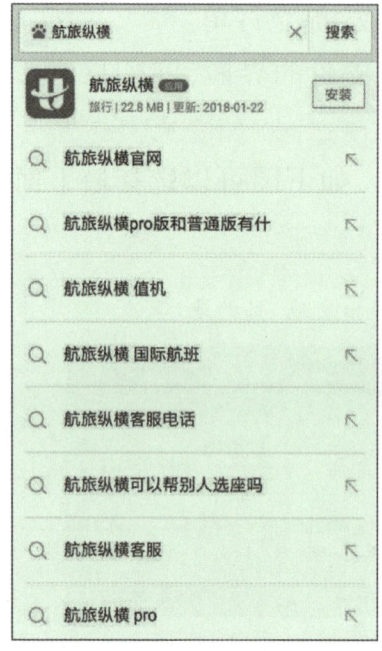

▲ 点击"即刻起飞"

▲ 阅读后点击"同意"选项

4. 然后点击个人中心,立即登录,创建个人账号。可以用手机验证,也可以用身份证验证。

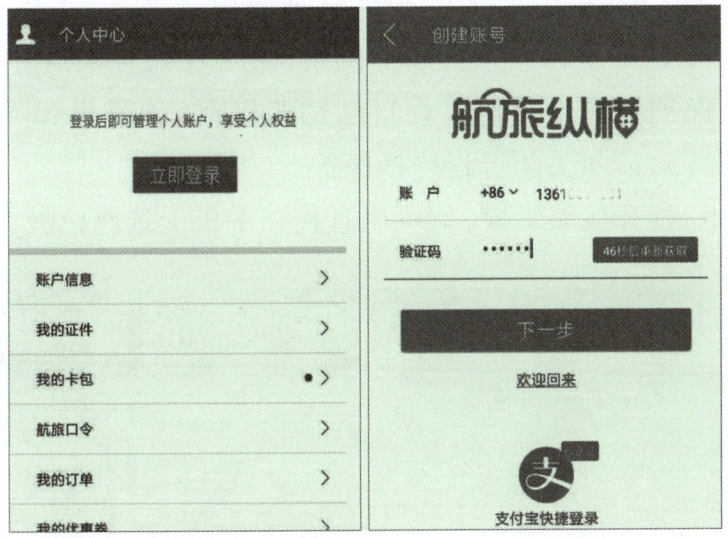

▲ 登录账户

5. 接着在个人中心里,按照要求完成实名认证。手机号码、身份证号码请注意填写正确。

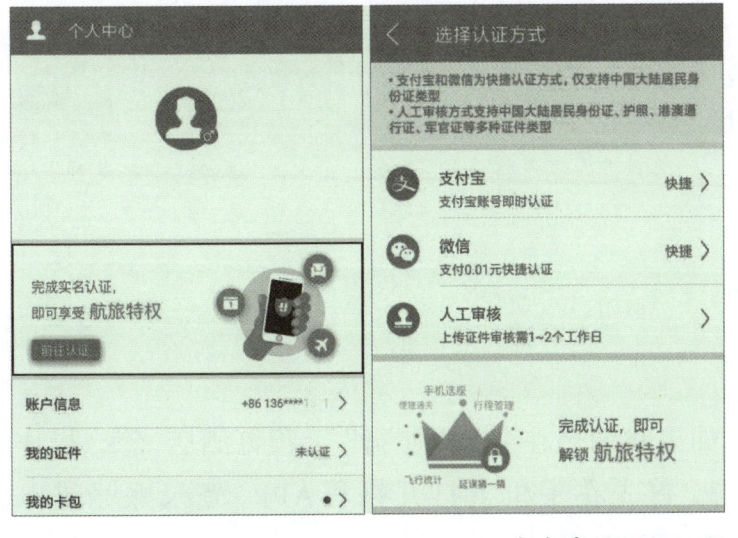

▲ 完成实名认证

6. 接着还可以选择支付宝或者微信作为快速认证方式。这里选择支付宝认证，填写好姓名和身份证号码，点击支付宝认证，跳出支付宝页面，认证成功。

7. 如果是自己亲自购买机票，最后在设置里点开行程严格保护。如果是他人替自己购买机票、领登机牌（跟团旅行类），请勿关闭行程严格保护。

8. 打开航旅纵横，就可以直接在手机上选座位啦。

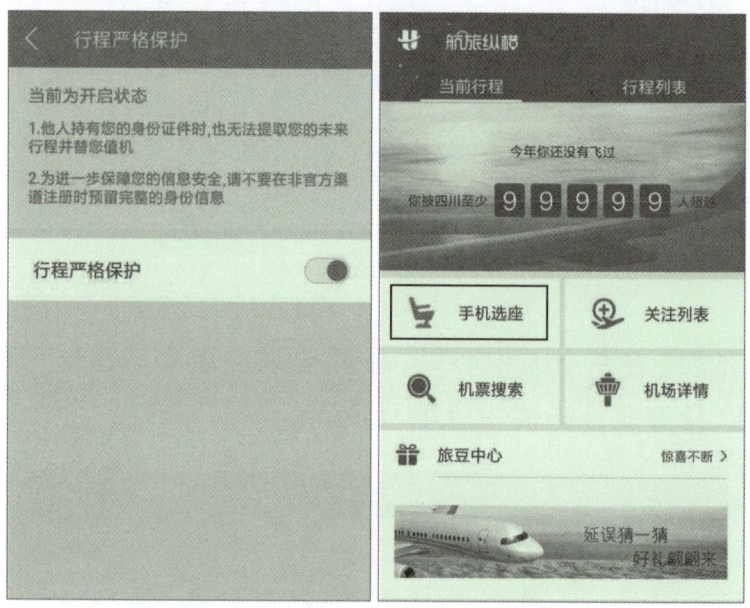

选择"行程严格保护"　　　　选择"手机选座"

酒店预订

如果我们想在"携程旅行"上预订酒店，怎么操作呢？

1. 首先在手机上打开携程APP，登录账号进入主界面，点击酒店。

第二篇 智能互联

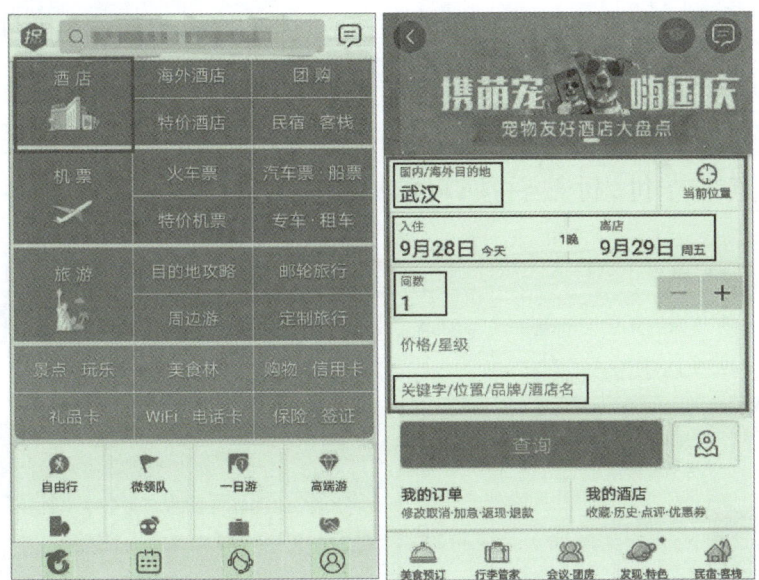

打开"携程旅行" ▲　　　　点击查询 ▲

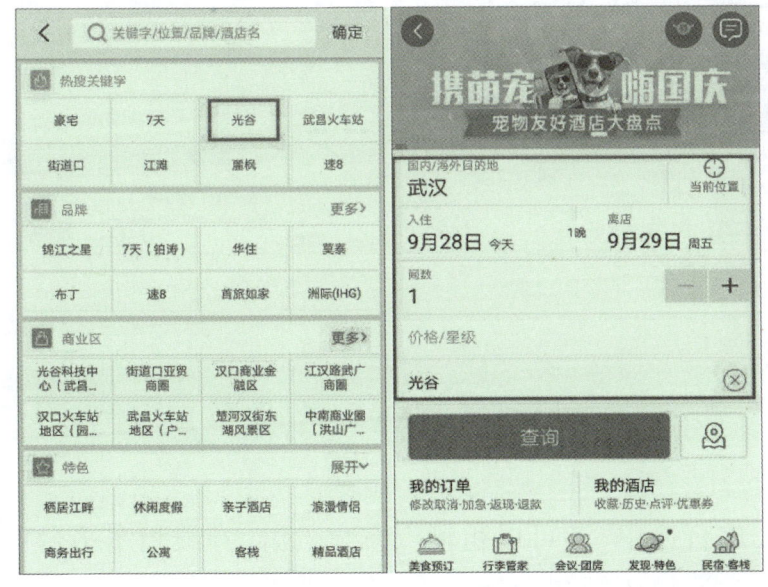

筛选酒店 ▲

2. 然后，选择目的地、入住的时间、房间数。点击"关键字/位置"，选择关键词，详细的地理位置和建筑地标。

3. 填写好之后，我们点击查询。这时就能看到填写的地理位置附近的酒店，可以通过评分、距离、价格、星级等进行筛选。

4. 选择好酒店和要住的房型之后，需要添加联系方式，点击支付，付款后预订成功。

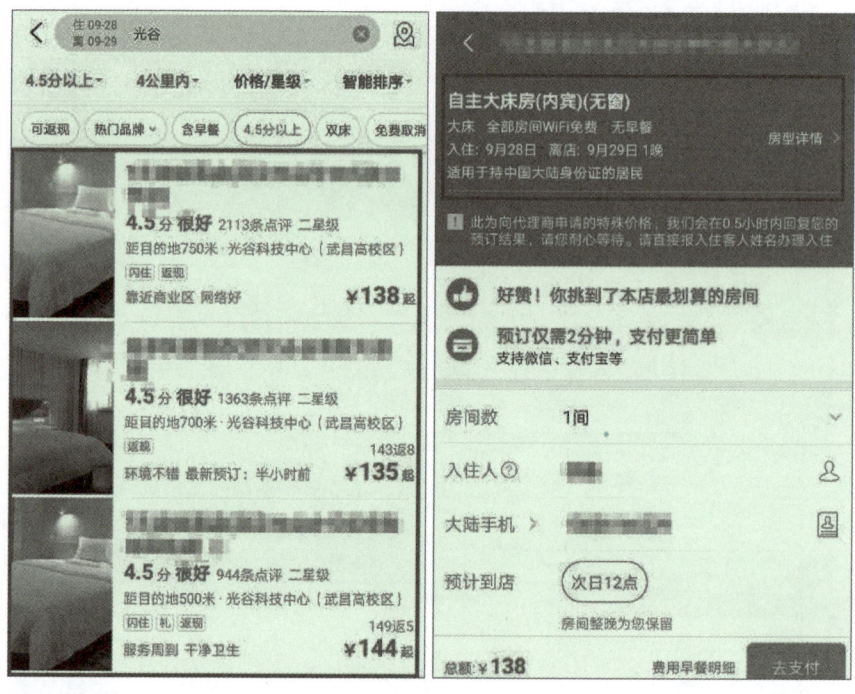

▲ 选择酒店

在 线 租 车

旅行途中，还可以租辆汽车自驾游，在线租车平台可以助你尝试异地借车、本地还车的新模式。

我们以"一嗨租车"APP为例来说明在外如何租车，以及在租车时的一些注意事项。

1. 首先，打开手机上的"一嗨租车"应用。

2. 如果你没有注册，需要注册才能使用，打开APP后，切换到"我的"页面，进行注册，只需要手机号以短信验证码登录就可以了。

3. 然后选择你需要租车的地点和喜欢的车子，点击预订按钮，弹出预订确认框，有多种预订模式，可以根据自己的情况选择合适的预订模式。

4. 选择完预订模式后，进入订单填写页面，可以根据自己的需求选购保险和查看费用明细。

▲ 安装"一嗨租车"

打开"一嗨租车" ▼　　　选择租车地点和车辆 ▼

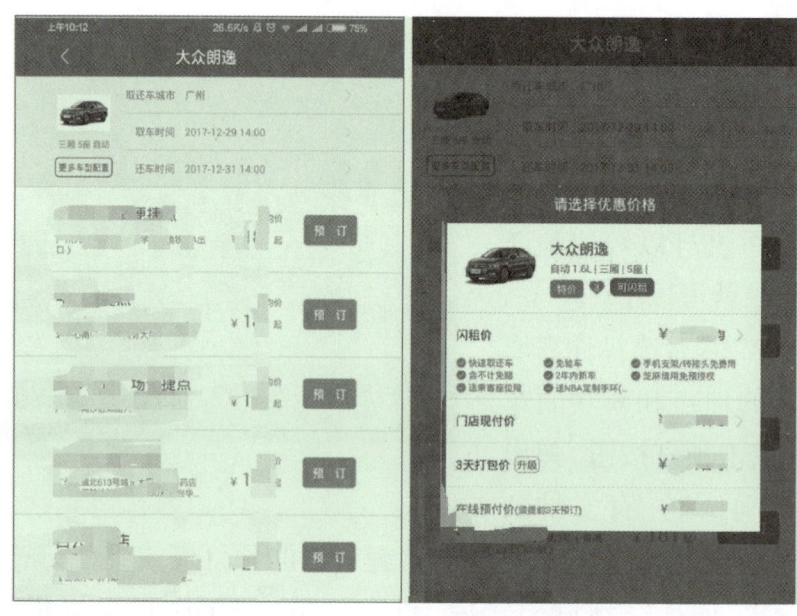

▲ 选择预订模式

▼ 确认订单

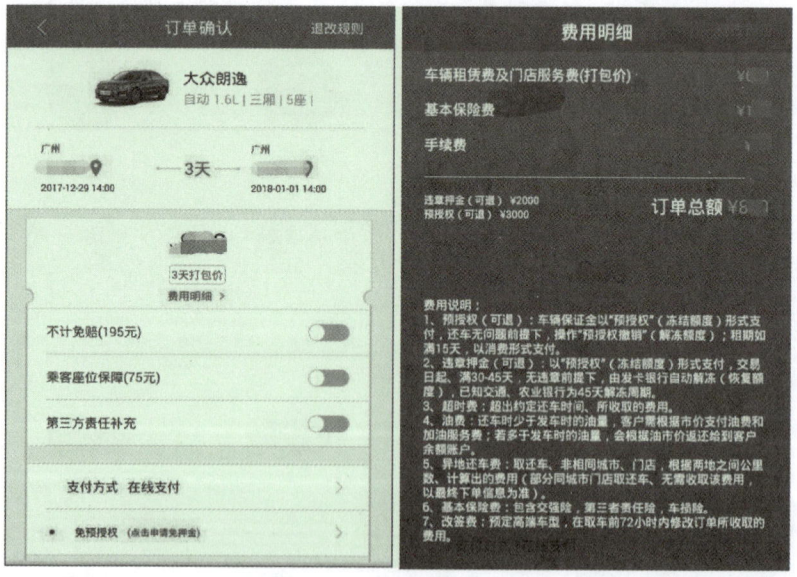

5. 设置支付方式。在右上角可以查看退改规则，主要是介绍预订后如何退订单，确认提交订单就可以了。

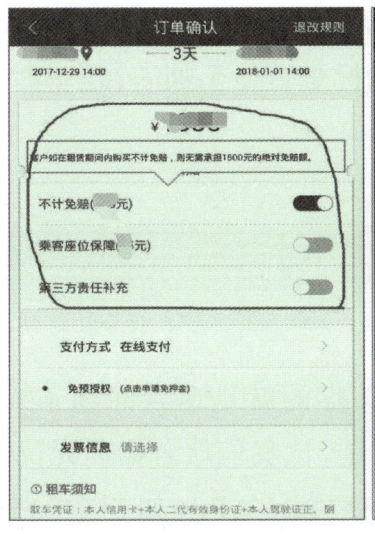 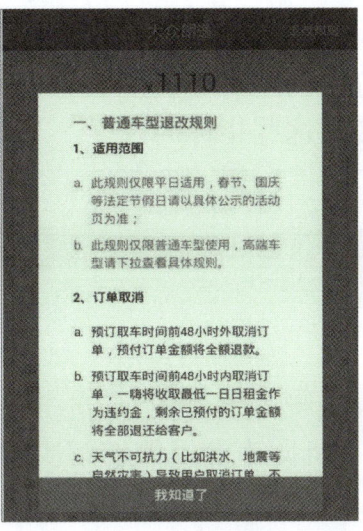

▲ 设置支付方式　　　　　　▲ 查看退改规则

6. 也可以在支付宝中使用租车功能，如下图所示，进入支付宝中"芝麻信用"菜单，可以开通免押金租车。这样不付押金即可以取车使用。

▼ 使用支付宝租车

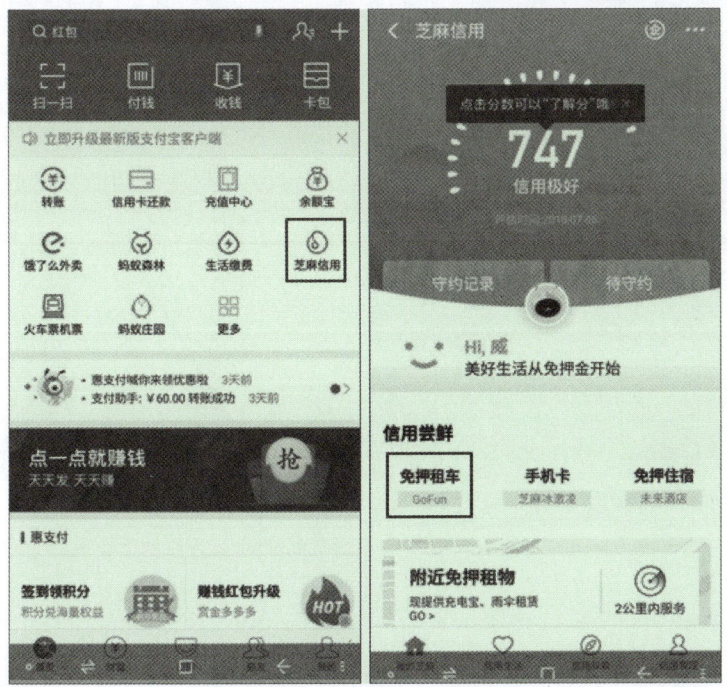

智能生活

提车时注意确认车身有没有磨损和刮花的痕迹，车内各个部件是否正常和干净，油标是否显示加满，还车时是需要确认这些指标的。

同声翻译

老年人去国外旅游，最头疼的就是语言问题了，没关系，手机同声翻译能够解决问题，让我们旅游畅通无忧。

1. 首先，可以下载一款同声翻译APP，如"同声翻译超级版"APP。

2. 在手机中安装完毕后打开，找到左下角的"点击说话"，点击之后，用中文对着手机说话。

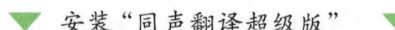
▼ 安装"同声翻译超级版"　　▼ 选择"点击说话"

3.说完之后,软件就会自动翻译成对应的语言。我们点击头像或者是下面的声音按钮,就会自动播放语音。

4.找到右上角的"语言",然后点击,就可以切换翻译的语种了。

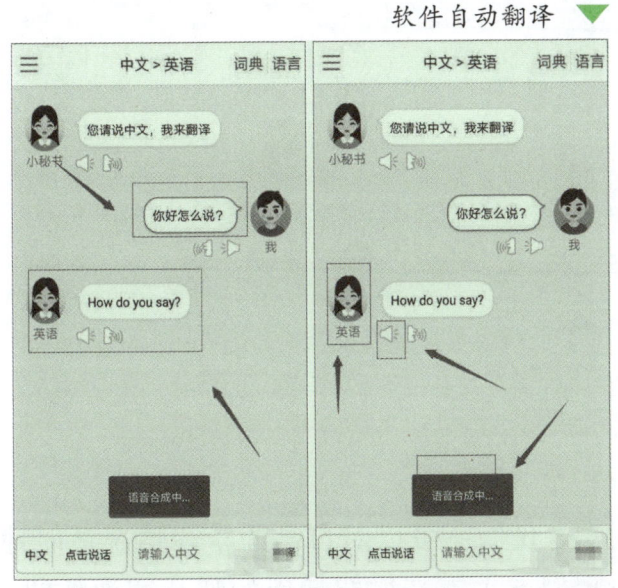

软件自动翻译 ▼

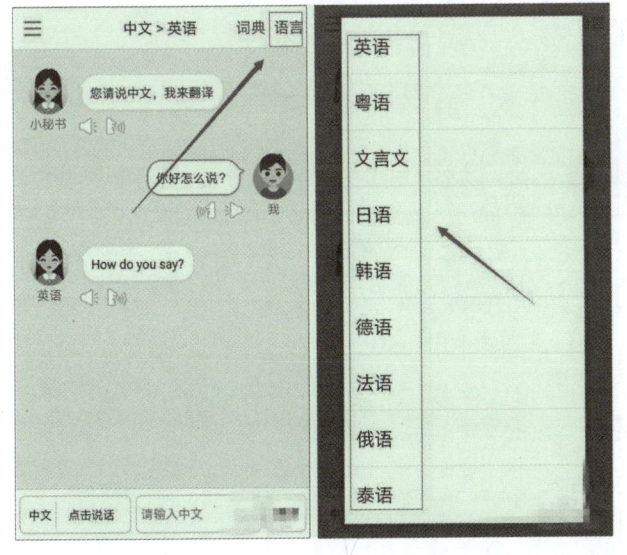

切换语言 ▲

智能生活

5. 比如我们选择日文，然后点击下面的点击说话，说出的中文就会自动翻译成日文。另外，我们还可以在下面的输入框输入中文，然后点击翻译，这样也能翻译成相应的日文。

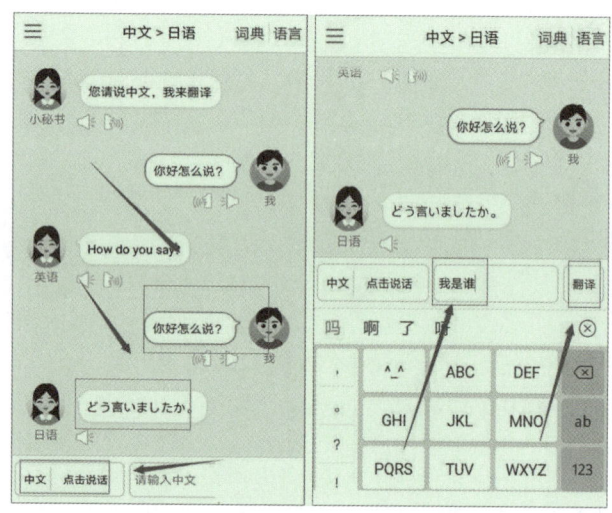

▲ 输入中文

6. 另外，我们还可以对自己的学习情况适时地进行测评。比如我们点击声音按钮后面的那个测评按钮，然后点击开始评测。

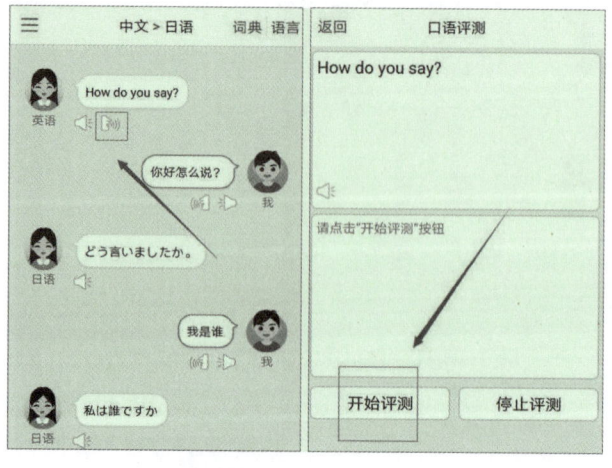

▲ 点击"开始评测"

7. 我们根据自己的学习情况，按照上面的英语自己读出来，结束后会跳出测评结果。

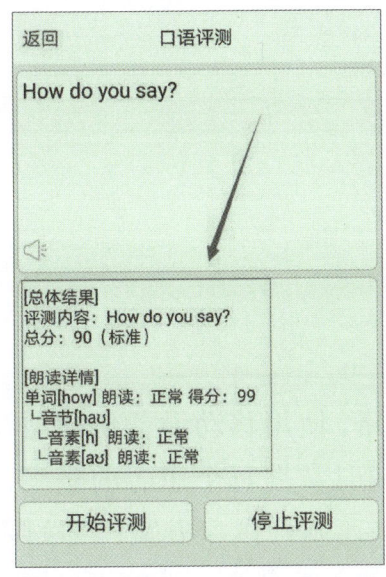

评测结果

智能生活

智慧医疗

通过无线网络，使用移动设备便捷地联通各种诊疗仪器，使医务人员随时掌握每个患者的病案信息和最新诊疗报告，随时随地快速制订诊疗方案；在医院任何一个地方，医护人员都可以登录距自己最近的系统查询医学影像资料和医嘱；患者的转诊信息及病历可以在任意一家医院联网调阅……随着医疗信息化的快速发展，这样的场景在不久的将来会日渐普及，智慧医疗正日渐走入人们的生活。我们要张开双臂，拥抱它的到来。

锻炼计步

现在很流行玩一种计步锻炼的游戏，很多明星也在玩，那就是微信运动。每天以行走的步数来进行排名。这种娱乐和健身相结合的锻炼方式，受到很多人的喜爱，其中以中年人、青年人居多，那么老年人适合此类健身方式吗？我们可以尝试一下。

1. 首先打开微信，进入微信公众号。搜索"微信运动"的公众号，并关注它。

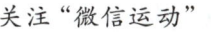

搜索"微信运动" ▼

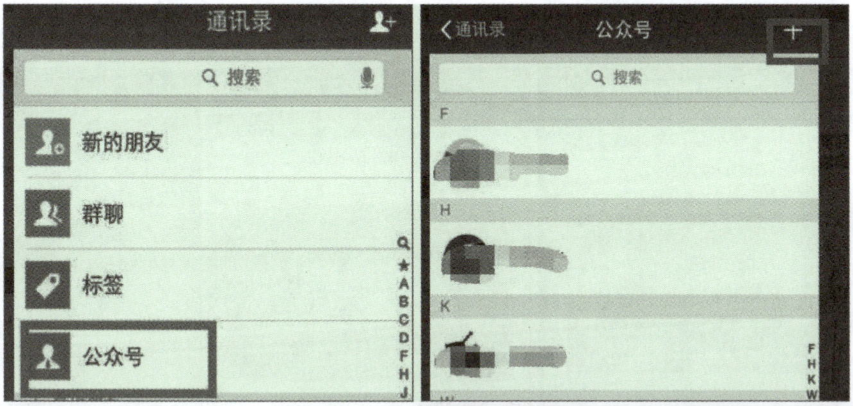

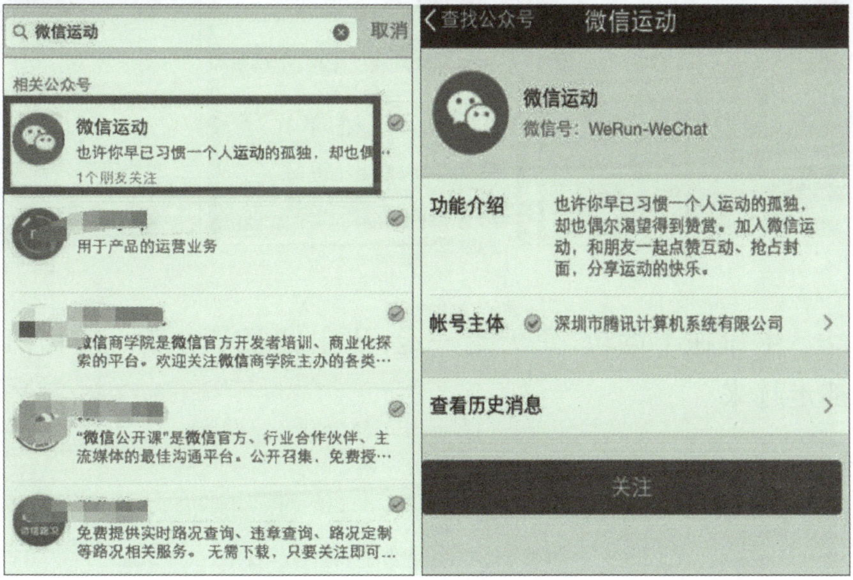

关注"微信运动" ▲

2. 关注以后，进入此公众号，点击排行榜就可以查看当天的朋友排行榜。

智能生活

这个是关联微信的，所以参与排名的是你微信朋友圈里参加这个游戏的朋友。同时你每天的行走步数也出现在了这些朋友的排行榜上。

▼ 查看"排行榜"

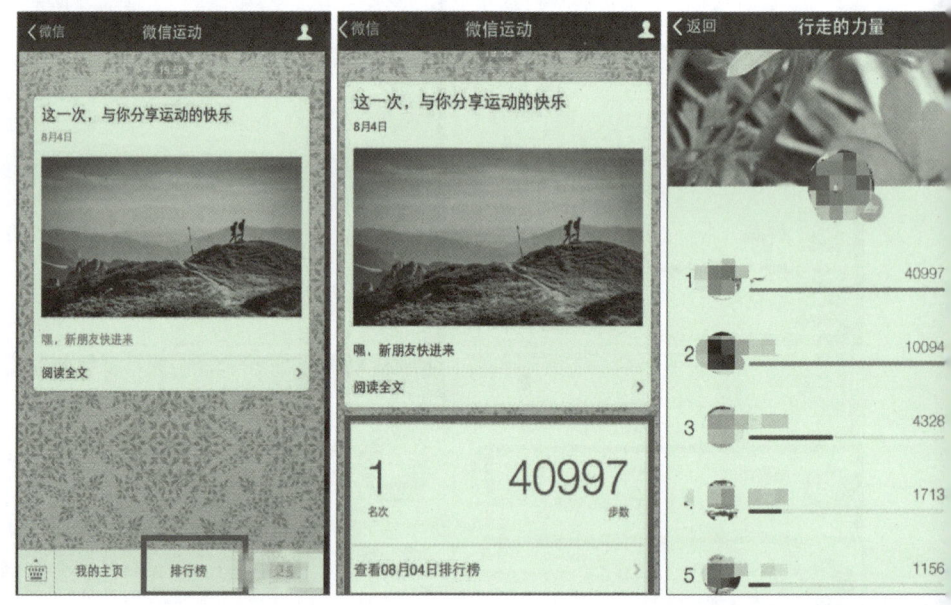

生命在于运动，每天走一走，迈出健康多一点。让我们都走起来。

健康检测

只要你在手机上安装一款"体检宝"APP软件，就可用手机测血压、测视力、测听力、测心率、测肺活量、测呼吸频率和进行心理检测。它利用手机摄像头旁边的闪光灯作为持续光源，利用摄像头捕获到手指毛细血管的搏动，从而检测出血压、心率等信息。我们可以随时打开手机进行一次全面体检，并进行健康管理。

1. 打开手机上的"应用市场"，在搜索栏输入"体检宝"，即可搜索出该软件，点击安装，该软件可以进行用户注册，进行更详细的健康管理，也可以不注册。

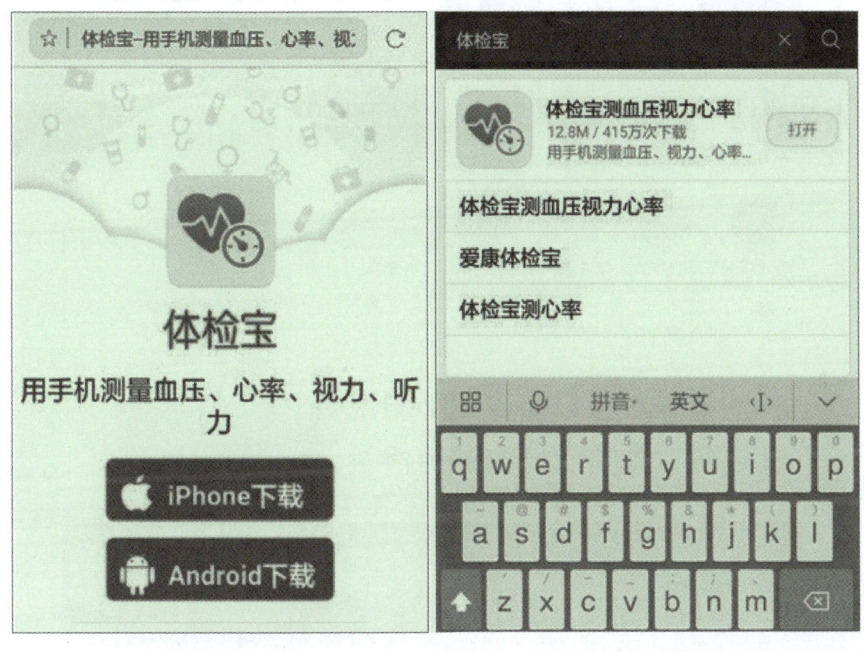

搜索"体验宝" ▲

2. 打开软件即可进行快速体检。点击"快速体检"按程序一步一步做完体检。快速体检可一次性完成多项测定，当然也可进行单项的测定；开始测试后，手指要同时按住摄像头和闪光灯，另一只手按住屏幕，约1分钟即可完成测试，自动弹出体检数据，十分方便。

▼ 点击"快速体检"

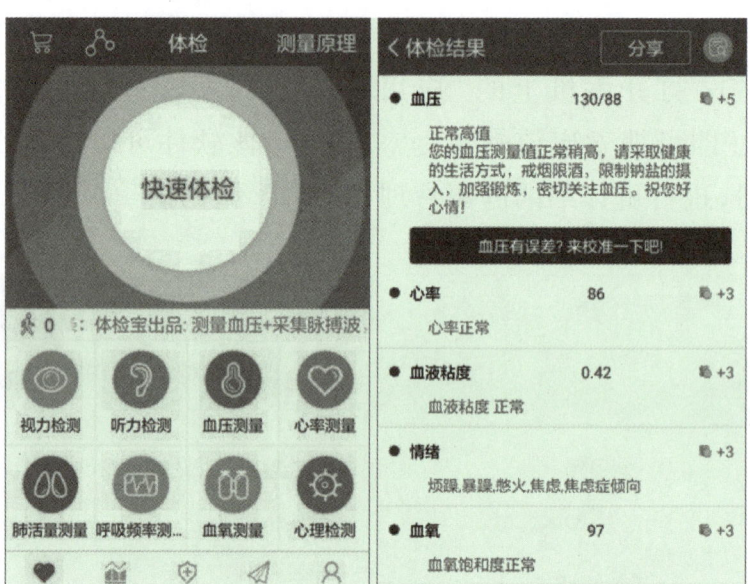

3. 测试原理可以参看左下图说明。
4. 还可以如右下图测试肺活量。

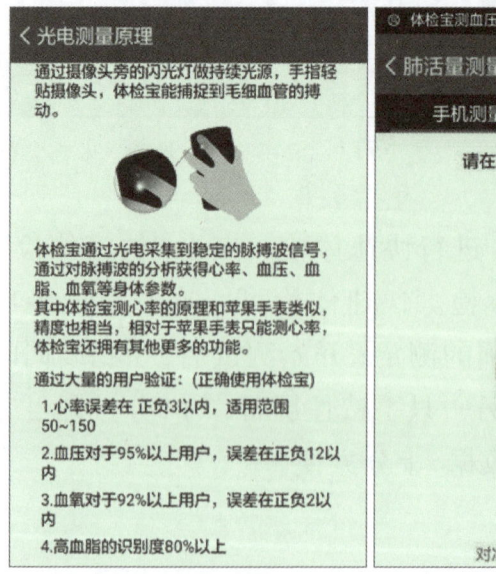
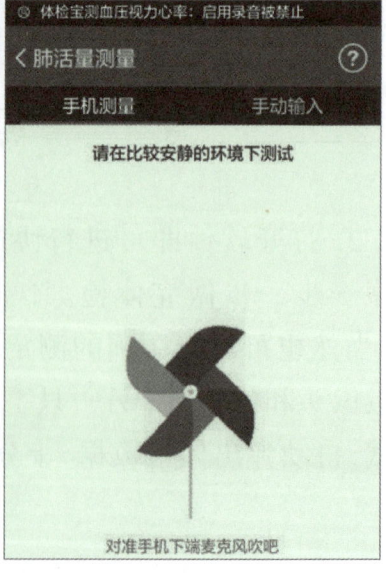

▲ 光电测量原理　　　▲ 肺活量测量

5. 视力、听力都可测试。

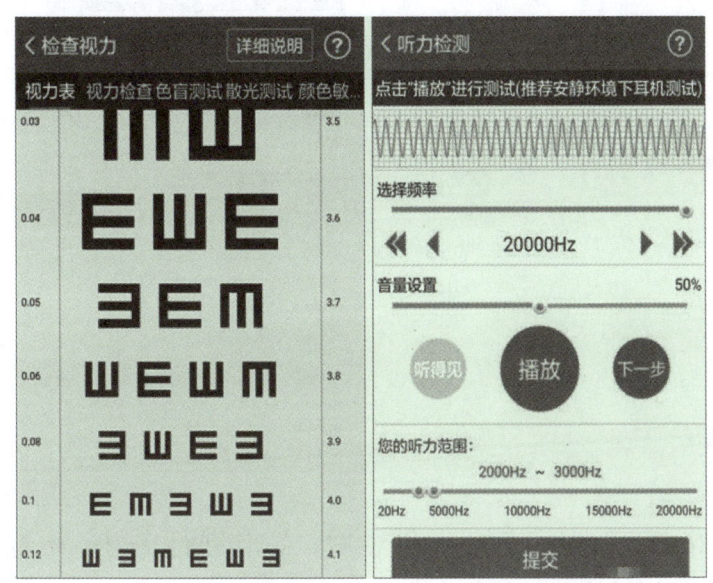

△ 测量视力　　　　　△ 测量听力

除此之外，还有很多健康管理功能。如今，健康监测型的智能服务如雨后春笋般层出不穷，让老百姓的健康监测更方便、快捷，结合手机的使用，性价比很高，同时也带来了健康的生活方式。

在 线 挂 号

我们去医院挂号都要排队，人多、耗时，等得难免烦躁。可以在手机上预约挂号吗？如何实现呢？

1. 首先打开微信，在微信上方的搜索栏里，搜索你要就诊的医院公众号。

智能生活

▼ 打开微信搜索栏

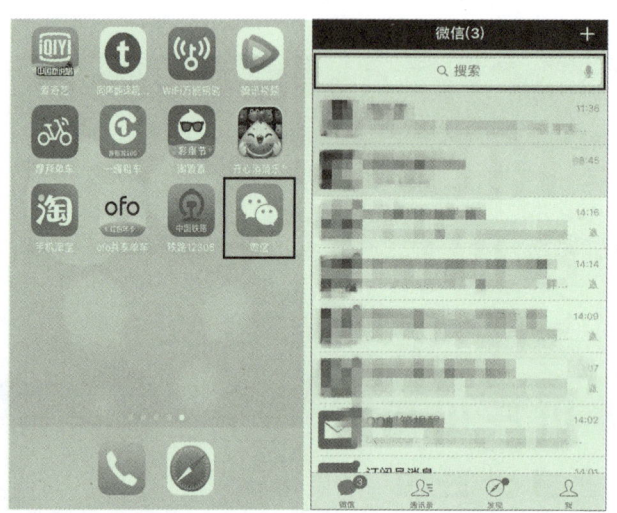

2. 搜索到医院的公众号后,点击进行关注,不过有些社区医院可能没有开通公众号和预约挂号的功能,但是一些大中型医院已经有这样的配置了。以下我们以"上海第九人民医院"为例。

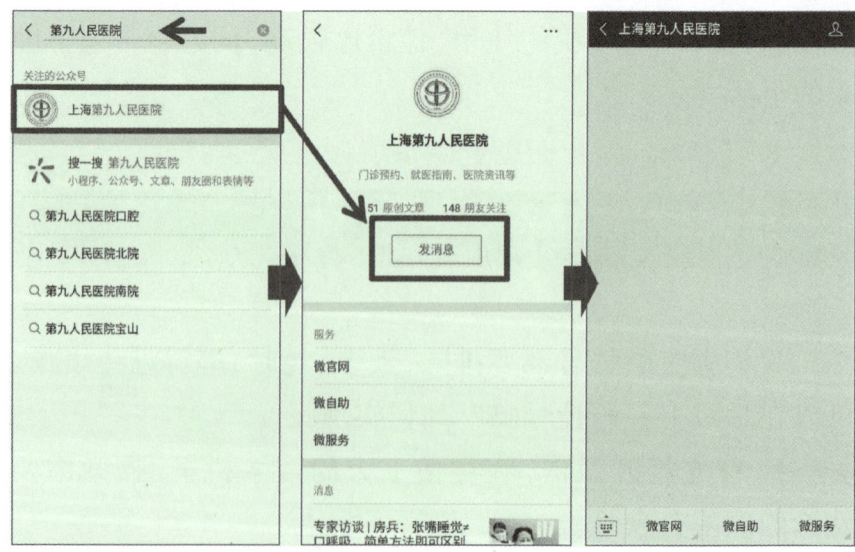

▲ 搜索并关注"上海第九人民医院"

3. 进入公众号后我们从导航栏的"微自助"进入医院的微官网，然后选择"挂号"菜单中的"可挂号预约列表"，查看可挂号的科室，就可以进行在线挂号了。

选择"挂号"

4. 根据需要，我们也可以预约科室或专家，点击"普通预约"或"专家预约"，这时候就会出现很多就诊的科室，选择你要就诊的科室，就会看到坐诊的医生和专家姓名，选择一个医生后，可以看到这个医生是否有号以及有号的时间段，对还有号的时间段，就可以立即预约了。

5. 在挂号过程中，需要对你的身份信息进行绑定，填上自己的实名信息进行绑定即可，绑定过程中要求的卡号指的是个人社保或医保卡号，绑定成功后，就可以依据就诊时间去现场看病了，这样可以省去不少现场排队的时间。

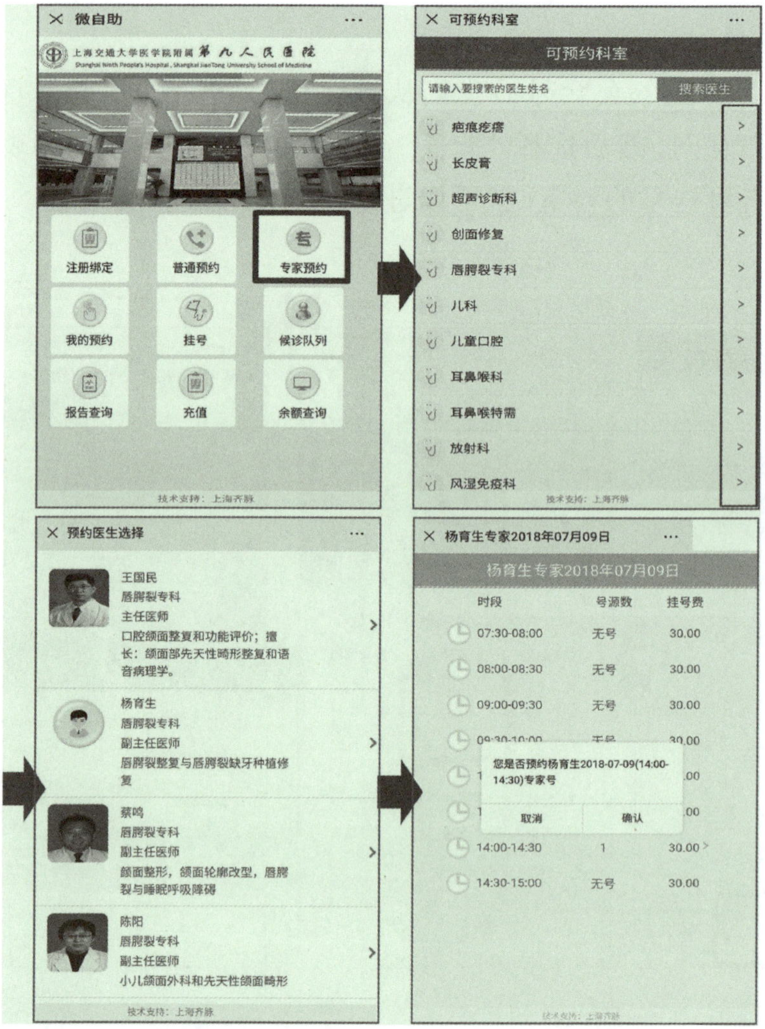

▲ 预约专家或科室

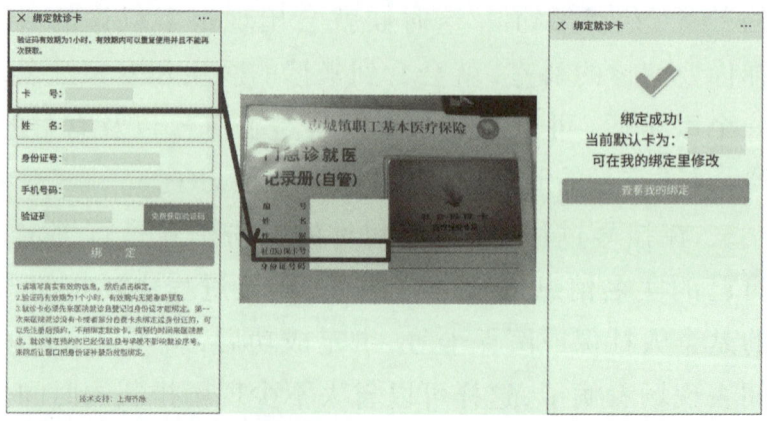

▲ 输入社保或医保卡号

6. 这里要提醒一点的是，如果你挂号有误，你还可以在预约记录里取消挂号。

7. 但是取消挂号需要填写原因，应如实填写，如果你已经挂号不去就诊，而且也没取消，这就属于爽约，医院会有记录，一般爽约两次，就会被取消预约资格。所以挂号前一定要看好日期，并确认科室准确。

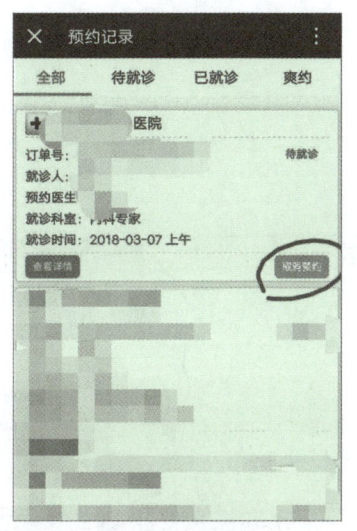

取消预约 ▲

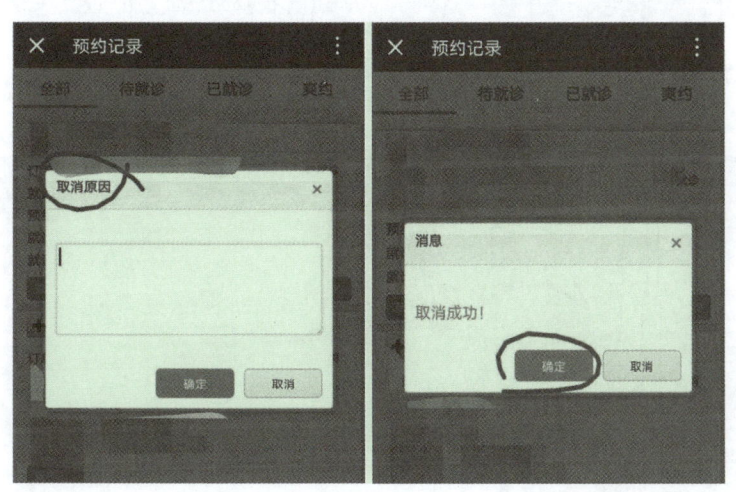

输入取消原因 ▲

快药上门

有时候附近药店没有自己想要购买的药品，比如保健品，一些不受控制或者自己有处方却无法在药店拿到的药，

怎么办？这时候就可以在网上药店买药了。

首先用百度搜索引擎搜索"药房网"，就像淘宝网一样，药房网只是卖药的电商，是相当正规而且药品齐全的

▲ 网上药店

网上药店，当然也可以在别的药店进行购买。此处以它为例进行介绍。搜索到药房网的官网，点击进入。

1. 搜索你需要的药品名称。

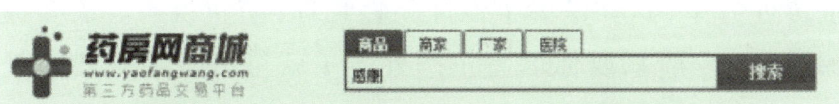

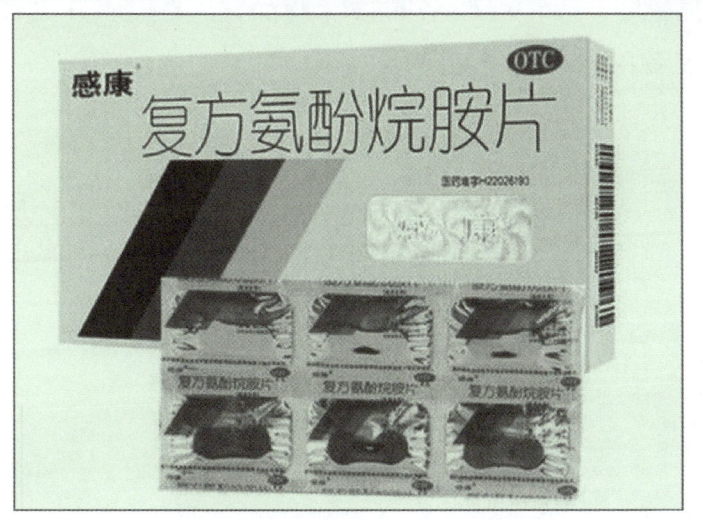

▲ 输入药物名称

2. 挑选商家。

▼ 选择商家

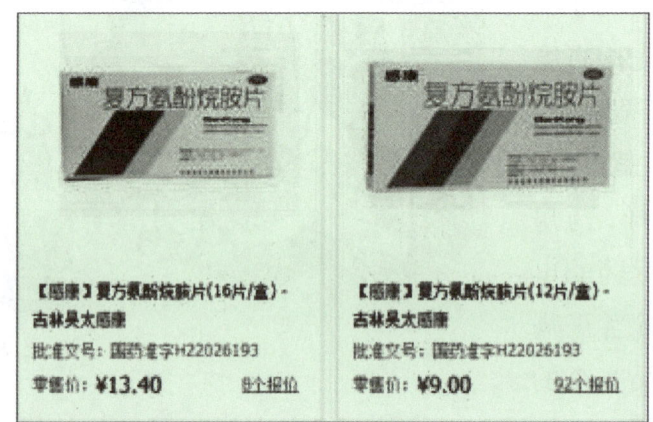

然后就和淘宝购物一样下单、付款,这里就不赘述了。

3. 如果是购买处方药,需要填写电子处方单或者拍照上传处方单,这样是为了保证药物管理,防止误购。需要提醒的是,一般只要你填写正确处方单就可以买到一般的处方药品,而一些管理严格的特殊药品,需要拍照并上传医院处方或者门诊处方才能购买。

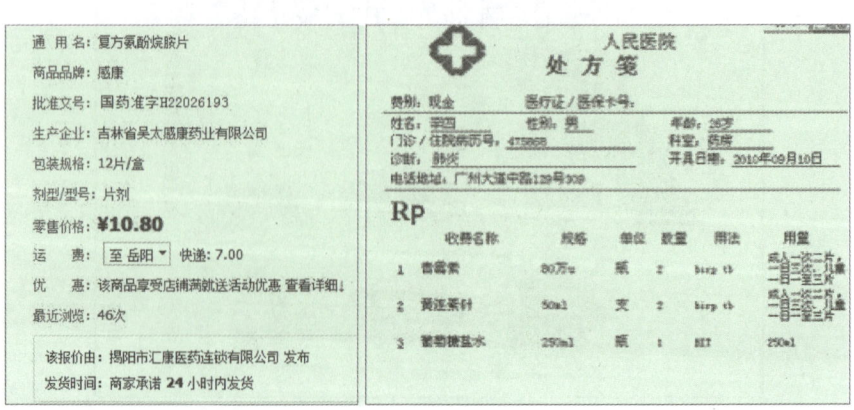

▲ 上传处方单

远程会诊

随着年龄的增大，各种疾病会慢慢上身，有没有快速诊断的智能医生？实际上，医疗类的很多APP都有一些简单的功能，可以提供在线"自查+问诊"的健康咨询，查询方便，数据权威，并可向专业医生提问咨询。

以下我们以"春雨医生"APP为例，看看老年人该如何使用此类服务。

1. APP首页有"快速提问"，可以提问题、查病、查药性。

2. "症状自诊"中输入自身的症状，APP会通过症状进行自查。同时可以根据查询结果诊断常见药、常见病的说明。

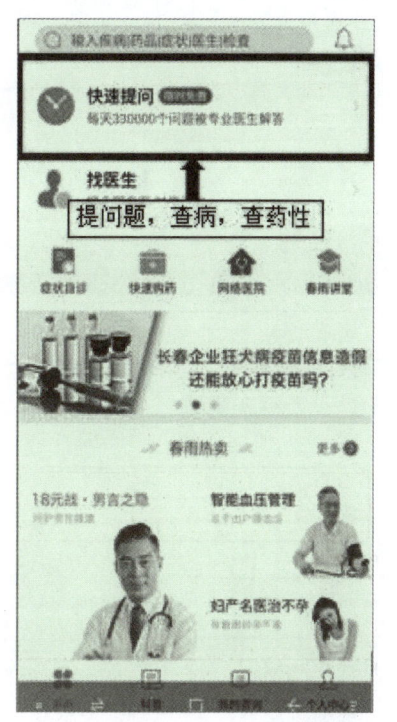

打开首页"快速提问"

3. APP还提供远程诊断服务，选择"找医生"菜单，会出现很多科室。

4. 选择自己关注的科室，如"中医科"后，可以看到这个领域的专家列表。选择中意的专家后，可以在线付费，提供自己的诊疗资料让专家在线诊断。

也可以查看其他病友和专家互动的留言和评论，让你更清楚专家的水平以及同类病灶的诊治方式。

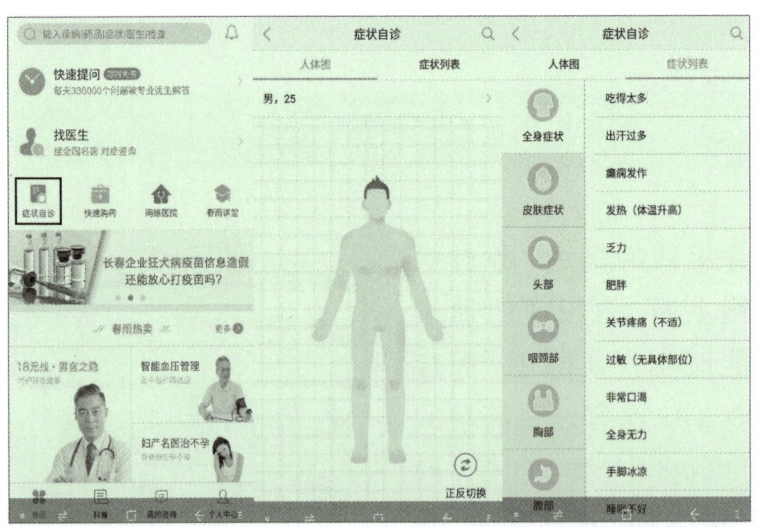
症状自诊

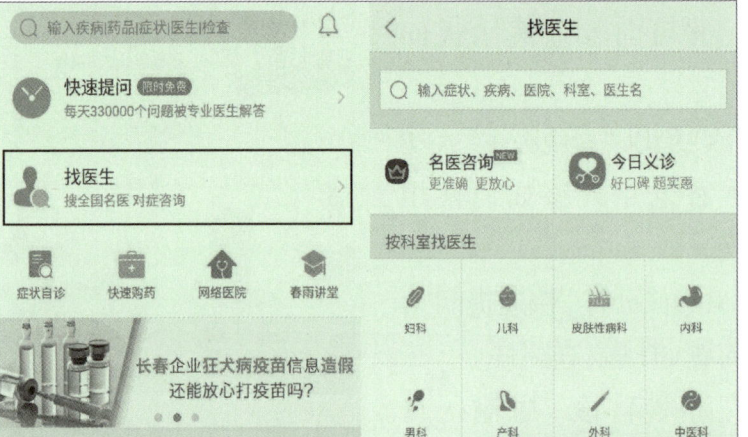
找医生

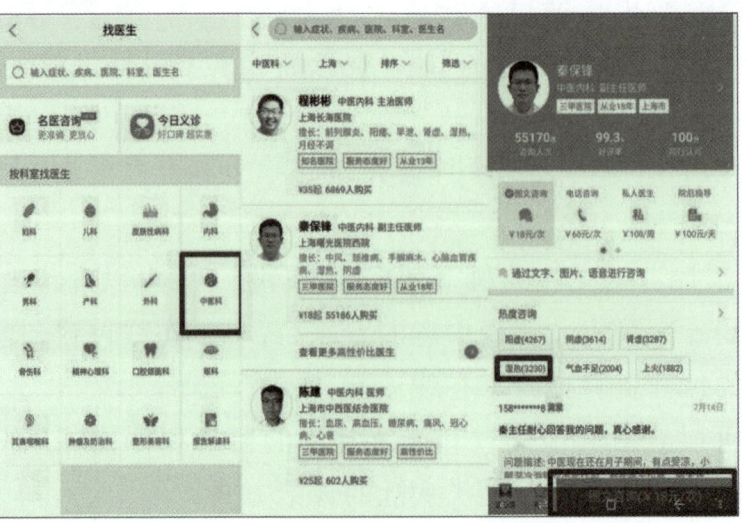
选择科室、专家,在线诊断

智能生活

 娱乐游戏

在日常生活中，用手机随时随地娱乐也越来越普遍，当然手机娱乐不局限于智能手机，也可以是一般手机，例如可以听歌的手机，只要能发挥娱乐作用就行。手机娱乐也逐渐成为老年人生活的一部分，智能化的娱乐方式让老年人充分享受高质量的生活体验。

文化票务

曾经，我们懒于排队购买电影票，现在只要有手机、有网络就可以网上订票，看演出、看电影变成一种非常便捷的娱乐方式。

关于体验购票的便捷，我们以"淘票票"APP为例来说明购票的过程。

1. 首先在智能手机上安装"淘票票"APP，打开后用手机淘宝或支付宝登录。选择一部你想看的电影，点击购票就可以进入。例如选择《西虹市首富》。

2. 接着选择观影日期以及想在哪家电影院看电影，不同的电影院价格是不一样的。

选择电影 ▲　　　　　　　选择日期 ▲

3. 选择好影院后需要选择当天观影的时间，例如选择10时40分，点击购票。

4. 选择座位时，虚线区域是最佳的观影区域，你可以点击空白座位，如图点击确认选座。

5. 最后一步是付款，点击立即付款，填写支付密码。

选择观影时间 ▲

第二篇 智能互联

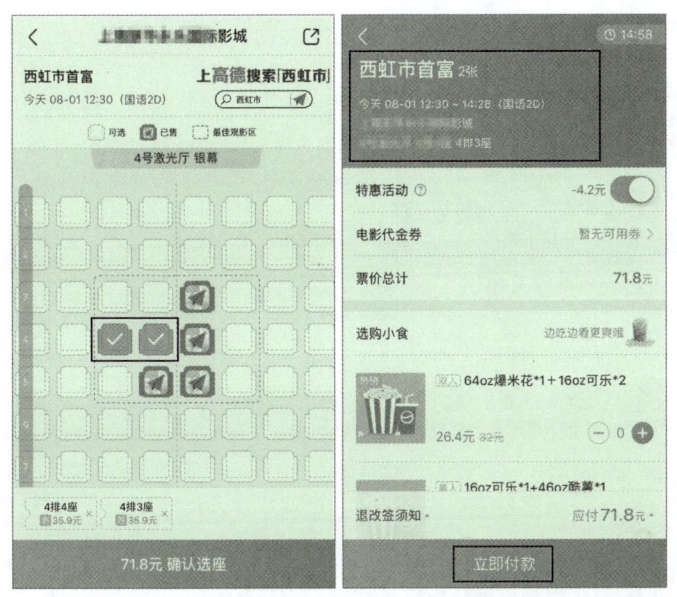

选择座位 ▲　　　确认付款 ▲

网 络 电 台

网络电台是在互联网上设立的电台。我们不需要繁琐的录音和收听设备来使用网络电台，只需要一台电脑或手机就可以完成录音、制作以及收听；不需要发射塔进行信息发送，只需要网络就可以传递信息；不需要收音机，只需要轻点手机或电脑按键就可以接收、发送各类信息。

在传统广播时代，每个听众只能被动地接收信息，而互联网使每个人推送音频内容成为可能。以"喜马拉雅FM"为例，它不仅是我们接收资讯的窗口，也能成为我们发布音频的管道。

1. 首先安装"喜马拉雅FM"APP，在主菜单中点击"我要录音"按钮。

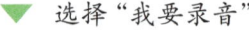

▼ 打开"喜马拉雅FM"　　▼ 选择"我要录音"

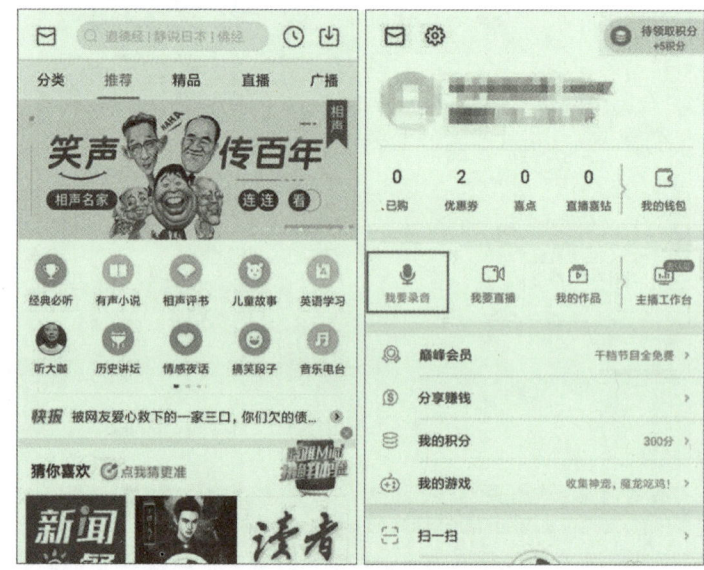

2. 在录音中找到右上角的"朗读文章"并点击。

3. 接下来会出现朗读文章的推荐，也可以搜索自己想朗读的文章，在文章下方点击"朗读"。

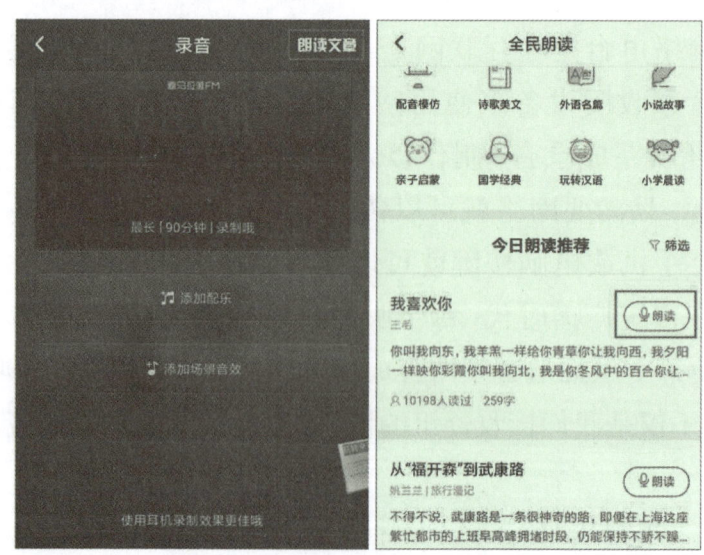

▲ 点击"朗读文章"　　▲ 查看朗读推荐

在朗读界面中找到下方的麦克风图标并点击,这时候就开始录音了,同时可以点击"添加配乐"进行配乐。

4. 点击"试听"可以听一下自己的录制效果,不满意可以重新录制,觉得满意可以点击"保存"按钮进行保存。

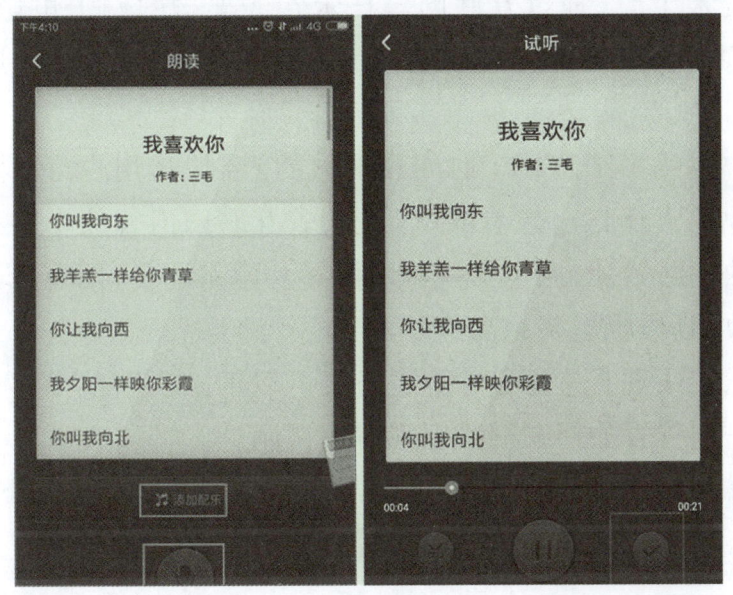

▲ 点击"试听",还可添加配乐

5. 最后会出现录音的一些基础设置,点击"添加配图"后就可以从手机中导入图片,如果要上传可以点击"上传声音"按钮。

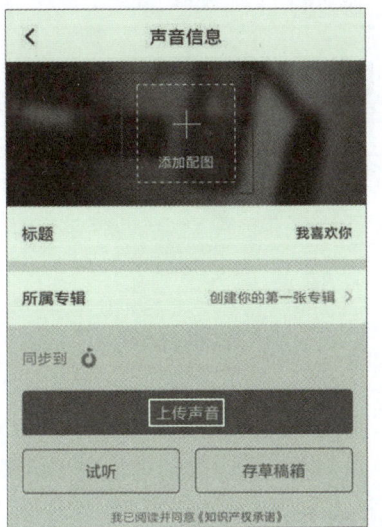

添加配图,上传声音 ▶

智能生活

在 线 影 视

在线影视,是依照现实中的电影院的功能,通过一些技术手段,通过互联网等技术在线架构的网上电影院,用户足不出户就可以在这个虚拟的电影院中观看影视节目。

在线影院跨越了时间和地域的限制,让用户可以随时随地地点播自己想看的电影,随着互联网内容的丰富和带宽的不断增加,网上影院收录的影片越来越多,网速也越来越快,画质也越来越高。

在线观看影视剧一点也不难。以下以"优酷"为例,我们一起看看如何在网络上观看影视剧。

1. 首先下载并安装"优酷"APP,打开后点击分类,找到心仪的影视作品,点击播放即可。

▲ 打开"优酷"

2. 找到电视剧，会有频道分类，我们选择《宫锁连城TV版》。

选择"频道分类"，选择电视剧

3. 打开后，页面会出现让你选择集数，选中后会有广告，广告结束后，视频右下角有全屏键。让我们尽情地观看吧。

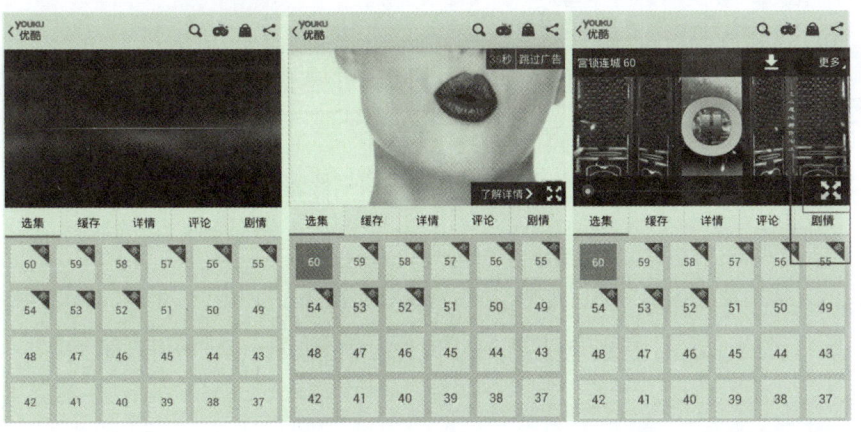

选择集数，等待广告，选择全屏

智能生活

短 视 频

短视频是指在各种新媒体平台上播放的、适合在移动状态和短时休闲状态下观看的、高频推送的视频内容，时长几秒到几分钟不等。内容融合了技能分享、幽默搞怪、时尚潮流、社会热点、街头采访、公益教育、广告创意、商业定制等主题。由于内容较短，可以单独成片，也可以成为系列栏目。

短视频无疑是时下最火的互联网应用之一，无论是抖音、快手还是火山小视频，都有神秘的魔力让无数年轻人趋之若鹜，它能让人笑起来、动起来、学起来、抖起来。

不过，短视频并非只是年轻人的专利，老年朋友也可以参与其中，日常生活中举起手机随手一拍，发到短视频平台，说不定也能成为拥有大量粉丝的网红一族。

以下我们以"抖音"为例，给大家讲解一下如何发布自己的短视频。

首先需要在应用商店中下载最新版的"抖音短视频"APP并进行安装。

进入抖音，你就会发现，抖音的界面很简单，打开以后直接就播放推荐的短视频，向左滑动，就能观看该视频的发布人所发布的其他短视频，向上滑动，就能切换到下一条视频。

对于喜欢的短视频，还可以关注视频的发布人。这样下一次发布人更新短视频的时候，就能第一时间收看到。

第二篇 智能互联

玩转抖音 ▲

休闲游戏

现在，很多人都喜欢玩游戏，这里就和大家说一说"开心消消乐"这个游戏，它可以联网玩也可以单机玩，很适合老年朋友闲暇时间消遣。

首先我们需要有"开心消消乐"的APP，没有的先下载一个。

1. 打开APP，选择QQ、微信或手机号登录。

2. 点击"设置"中的"我的名片"，可以看到自己的账号情况。

▼ 打开"开心消消乐"

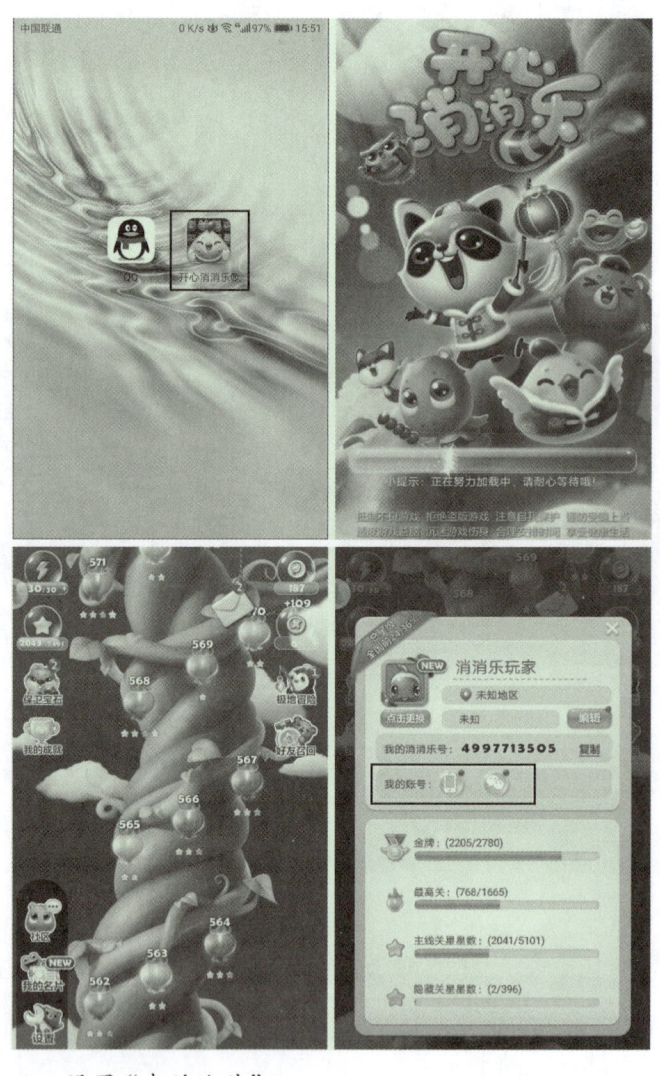

▲ 设置"我的名片"

3. 点击下面的金果树，可以获得大量的银币和精力，还有机会获得风车币，银币可以购买道具，在用完原有的精力后可以使用。

点击下面的道具商店，这里面都是用风车币才可以购买的，也可以充值购买风车币，但一般不建议购买。

点开"金苹果树"▼　　打开"道具商店"▼

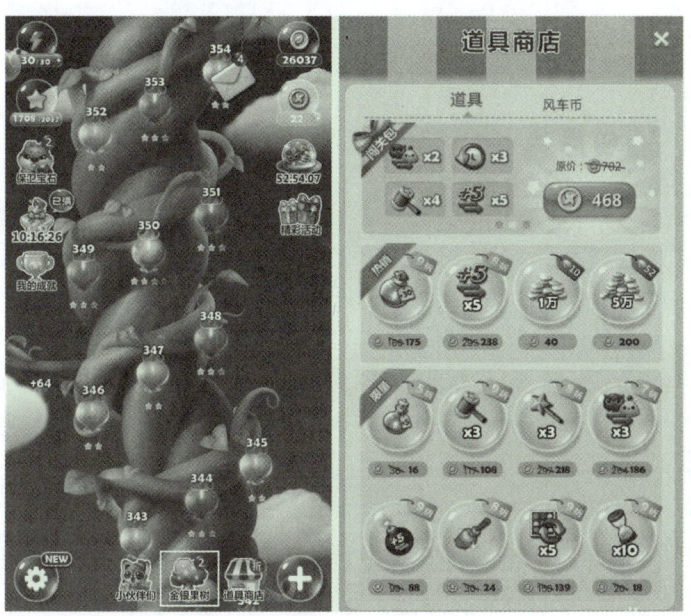

4. 点击上方挂着的邮件,这里可以向好友索求精力,同时可以送给好友精力,也可以帮助好友解锁,助其闯关。

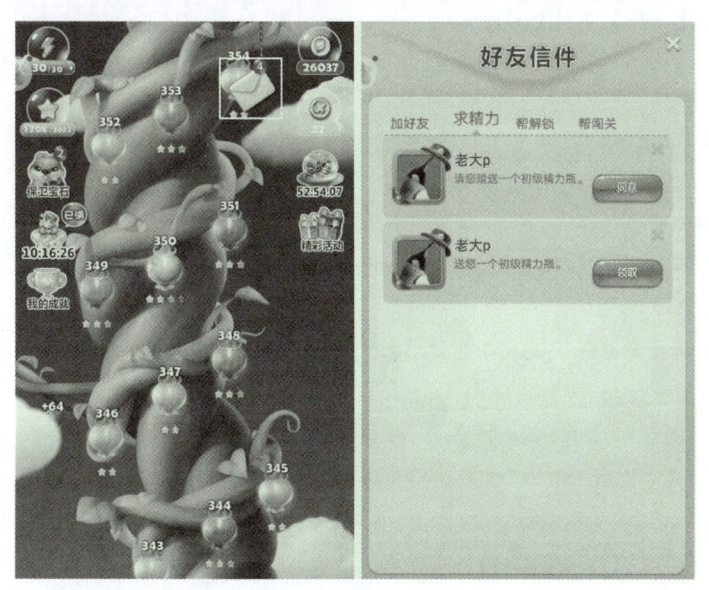

送好友精力 ▲

第三篇 智能科技

智慧·生活

智能生活

身边的智能科技

随着互联网技术的迅猛发展以及智慧城市建设的不断完善,科技越来越多地走进人们的生活,它正真切地改变着老百姓的生活,政务服务、社区服务、养老服务等方面智能化成为大势所趋,人们足不出户就可以交流购物,学习娱乐,而在这一切智能体验的背后,是一大批最新技术的支撑,让我们来了解一下这些改变我们生活方式的最新技术。

云计算

云计算到底是什么呢?业内的专家认为,云计算的最终功用,就是为了把个人电脑放到互联网之中,用户可以随时随地处理任何和电脑相关的事宜,甚至还不需要随身携带笔记本或者U盘,因为所有你需要使用的数据和软件都已经储存在"云"中了,就在你的个人网络账户里。云计算让很多以前听起来不可能的事情变得可能,有些已成现实。

有这样一则笑话,说的是某老板在自己家里的电脑上按了Ctrl+C(复制键)，然后他来到公司的电脑上，按了Ctrl+V(粘贴键)，以为这样做就可以把家里的文件拷贝到公司的电脑里。在那个云计算还"闻所未闻"的年代，这确实是个笑话。但进入移动互联网的云计算时代，通过云存储，类似这样的应用已成为可能。

人们常把云计算这一IT基础资源视作水电煤。举例来说，以前人们要喝水，需要自己打一口井。如今不用打井，只要打开水龙头就有水喝。云计算也一样，从前有需求的企业要自己买服务器，搭建网络，运营维护，现在有了云计算平台，通过互联网就可以实现远程调用资源，享受"云"的灵活和方便。

云计算推动了整个IT产业模式的变革，拓宽了产业链。从硬件、机房到基础架构即服务(IaaS)、平台即服务(PaaS)、软件即服务(SaaS)，再到虚拟化等，云计算包含了众多方面，实现了软件向服务的转型，通过聚合，创造了新的业态环境。

还以水电煤为例，在没有电以前，谁也想象不到会有电视机、电冰箱等家电产品的出现，在"云"时代，人人都可以拥有"云"，利用"云"拓展业务，快速适应市场需求变化。即使没有自己的数据中心，照样可以通过多种终端马上调用"云"上的资源，为"我"所用。

经过几年的发展，云计算一词几乎已经家喻户晓。随着"云"应用的落地，实实在在的云服务也正在改变着人们的生活方式。

云服务随处可得，云计算也离不开互联网的发展，特别是随着移动互联网的推进，将来无论是台式机、笔记本、手机、腕表、照相机，还是公共查询机甚至是ATM机，都将成

智能生活

为"云"中"个人电脑"的显示终端，成为"云"中的"个人电脑"。

举例来说，当你在网络上看电视剧，有一集刚看到一半就要出门，如果是在过去，那只能等到回家再接着看，同时还要从头缓冲一遍。但在云视频技术产生后，你可以直接通过手机或者平板电脑，在出门路上继续看这集电视剧，而且可以直接从刚才看到的地方开始，一秒钟都不会浪费。

云计算已经深深植入我们生活中的点点滴滴，平时常用的那些APP或网站，都离不开云计算的强大服务支持，如"剁手党"爱恨交加的淘宝、京东，"社交痴迷党"的微信、微博，等等。可以预见的是，未来，云计算将在助力人工智能发展的层面上意义深远！

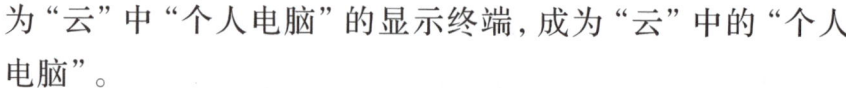

大 数 据

大数据，又称巨量资料，指的是所涉及的数据资料量规模巨大到无法通过人脑甚至主流软件工具，在合理时间内达到撷取、管理、处理，并整理成为帮助企业经营决策更积极目的的资讯。互联网是个神奇的大网络，科学技术及互联网的发展，推动着大数据时代的来临，各行各业每天都在产生数量巨大的数据碎片，数据计量单位已从Byte、KB、MB、GB、TB发展到PB、EB、ZB、YB，甚至BB、NB、DB来衡量。大数据时代数据的采集也不再是技术问题，只是面对如此众多的数据，我们怎样才能找到其内在规律。

2017年3月25日，数万人齐聚珠海体育中心。那一夜，无论是80后，还是90后，所有人都陶醉在优美的旋律和歌神张学友带着浓厚鼻音的歌声当中。说他是一个时代的象征，或许有些人不服，所以有人做了这样一个统计：迄今为止，能够保证23场演唱会座无虚席，在香港红馆开演唱会一个月内连续开到20场以上的，其中更是3天连开不休息，只有张学友一个人。不仅如此，他的个人巡演踏遍全球累计610余场，唱片累计销量突破6 000万张，获音乐奖项累计超过260余个，曾被美国《时代周刊》列入亚洲最具影响力的50位人物之一，曾被美国Billboard评为"最受欢迎亚洲艺人"，曾获得世界音乐大奖"全球最畅销亚洲歌手"及"最高销量华人歌手"。仅2016年末到2017年，内地城市就有70多站，加上之前12月的23场Classic Tour香港演唱会，总共有近百场巡演。

当你看到上述这些数据时，是不是也忍不住"啧啧"称赞其无愧于"歌神"这个称号呢？没错，这就是大数据的魅力。它让一切本来抽象的东西变得更为具体、可信，且有说服力。

21世纪是数据信息大发展的时代，包括互联网、移动互联网、物联网、车联网、GPS、医学影像、安全监控、金融、电信等都在疯狂地产生着数据。

也有市场研究机构统计显示，2006年，个人用户刚刚迈进TB时代，全球一共新产生了约180 EB的数据，到了2011年，这些数字达到了1.8 ZB。根据预测，到2020年，全球的数据总量或将增长44倍，达到约35 ZB。这是多大的量呢？用一个简单的换算公式：1 ZB=10亿TB，就能够知晓。真正的大数据时代现在才刚刚开始。其实，这仅仅是大数据的"冰山一角"，如今我们的生活早已被大数据所带来的影响而改变许多。

智能生活

比如KTV的点歌机能知道我们最爱唱哪几首歌；公交车站能准确地显示下一班公交车还有多长时间到站；手机APP可以预知前方哪些路段正在拥堵；超市打折，掏出手机扫一扫就知道商品是不是比网上更便宜；扫一扫二维码可以验证商品的真伪。大数据还能告诉我们所属行业的平均工资、哪些行业人才紧缺、不同区域的楼盘均价……如今，大数据在社会生活和经济各行业中都发挥着重要的作用，它既可以是基础性资源，也可以作为工具加以利用。不知不觉中，它已经改变了人们生活、工作以及思考的方式。

物联网

物联网，顾名思义就是物物相连的互联网。这有两层意思：其一，物联网的核心和基础仍然是互联网，是在互联网基础上延伸和扩展的网络；其二，其用户端延伸和扩展到了任何物品与物品之间，进行信息交换和通信，也就是物物相息。物联网通过智能感知、识别技术与普适计算等通信感知技术，广泛应用于网络的融合，也因此被称为继计算机、互联网之后世界信息产业发展的第三次浪潮。

出门前，按一下手机，就可以预约要去的商场附近的停车位；身体不适，便携式监护仪会实时将心电等生理数据传输到医院的后台服务系统，并向亲友发送报警短信；参观世博会不带门票和皮夹，用手机在闸机前一晃就能入园，还能在商店购物消费……每个普通人都能从自己日常生活的点滴细节里，感受到某种变化正在悄悄发生——而这些变化后面的主角，正是物联网。物联网已经不再只是概念。

140

2005年，国际电联发布的《ITU互联网报告2005：物联网》中，正式提出了"物联网"的标准概念。专家指出，物联网是指通过射频识别（RFID）、红外感应器、全球定位系统、激光扫描器等信息传感设备，把任何物品与互联网连接起来，赋予其智能化识别、定位、跟踪、监控和管理的智慧的一种网络。通过网络，世界上所有物体，从轮胎到牙刷，从房屋到纸巾，都可以通过互联网实现沟通。

在物联网时代，在家等候抄表员上门已毫无必要。目前，在北京、上海、广东、重庆等地已部署了超过104万远程抄表，主要应用于办公楼、居民楼的水、电、煤气表具。远程抄表系统主要使用在记录公共事业数据的仪表（如水表、电表等）上集成可记录数据的专用设备，准确及时地收集各种数据，利用无处不在的移动网络，通过设备自动数据回传，具有避免打扰用户、大幅节省抄表成本的优点，非常符合政府与事业单位提高用户感受与降低成本的目标。

车联网

车联网的定义是：借助新一代信息和通信技术，实现车内、车与车、车与路、车与人、车与服务平台的全方位网络连接，提升汽车智能化水平和自动驾驶能力，构建汽车和交通服务新业态，从而提高交通效率，改善汽车驾乘感受，为用户提供智能、舒适、安全、节能、高效的综合服务。网络连接、汽车智能化、服务新业态是车联网的三个核心。简而言之，车联网通过连接与车相关的一切，来提升汽车智能化水平，使人们的生活更加便利。

智能生活

王先生一家人出门旅游，在当地租了一辆小轿车，当他行驶在城市道路上时，车辆的转向系统突然发生故障失去控制，撞上了路边的护栏——王先生车后的几辆汽车的车载系统第一时间得知该情况，并瞬间自动施加全力制动，有惊无险地避免了二次事故的发生；交管部门第一时间得知该信息，立即发出通知，附近车辆的车载导航自动更改路线绕道，同时提示车主前方发生事故；当交管部门赶到现场时，先到一步的保险公司早已完成了先期取证，同时救护车也通过车联网得知消息第一时间赶到，好在王先生一家并无大碍；这时租车公司的人和售后服务中心的人员一同赶到，他们表示由于监测到王先生是在正常使用途中发生故障，将由售后服务中心负责维修车辆，租车公司会免费为王先生更换新车并由保险公司赔偿意外损失。最后，王先生换了新车，得到了理赔，继续自己的旅程，而道路也以最快的速度恢复了畅通。厂方也从这次事故中得到了宝贵的数据，用以技术研发，避免故障的再次发生。

你看，不管你的车辆发生故障还是事故，或者被盗，车联网都能让对应的部门第一时间得知消息，并最终帮助你解决问题。目前，车联网最重要的一个功能，就是安全解决方案。

而未来，车联网能带来的便利是我们无法想象的。当汽车与道路、行人、其他车辆实现连接，车对周围环境的感知将有效辅助甚至代替人工驾驶，大幅度降低交通事故率，并解放人的双手和大脑。汽车厂家可以通过车联网系统为用户提供更加完善、精确的售后服务。同时，大数据的共享将改变城市拥堵的情况，为城市交通问题送上完美的解决方案，车联网将使人们的出行方式发生翻天覆地的变化。

车联网将所有的汽车都通过车载信息终端连入同一个

网络系统中，除了实时路况、加油、停车等基础路面资讯外，驾驶员还可以轻松了解到旁边行驶的其他车辆的性能、车速、驾驶状况等信息，并合理控制自身车速，保证出行的畅通、安全。不仅如此，车联网还能使停车、维修、保养和导航更便捷。

要实现车联网普及，我们需要统一的行业标准，也需要传感器技术、网络传输技术的快速发展，更需要大量接受并使用车联网产品的活跃用户。虽然看起来每个问题都比较棘手，但可以肯定的是，新的技术终将突破现有的壁垒，改变人们未来的生活。

人工智能

人工智能（Artificial Intelligence，英文缩写AI），它是研究、开发用于模拟、延伸和扩展人的智能的理论、方法、技术及应用系统的一门新的技术科学。

人工智能是计算机科学的一个分支，它企图了解智能的实质，并生产出一种新的能以与人类智能相似的方式做出反应的智能机器，该领域的研究包括机器人、语言识别、图像识别、自然语言处理和专家系统等。人工智能从诞生以来，理论和技术日益成熟，应用领域也不断扩大，可以设想，未来人工智能带来的科技产品，将会是人类智慧的"容器"。人工智能可以对人的意识、思维的信息过程进行模拟，但人工智能不是人的智能，而是能像人那样思考，也可能超过人的智能。

如今，高盛在纽约总部的美国现金股票交易柜台交易员人数，从巅峰的600人下降到了2人。瑞银在康涅狄克州有两个橄榄球场那么大的交易大厅，也几乎完全关闭，只留下

智能生活

了几个程序员。全球最大的对冲基金桥水也开始了对于基金经理的大规模裁员，开始使用人工智能来代替基金经理。今天的人工智能具有深度学习功能，不只是简单地重复指令，交易的次数越多，收集的数据越多，算法能力就越强。

人工智能正在代替我们做许多工作。目前美国有47%的工作存在将被机器人代替的危险。有一深度报告预测，到2025年，人工智能带来的颠覆价值每年在14万亿到33万亿美元之间，其中有9万亿美元来自自动化对于人工成本的节约。人工智能对于我们生活的变革，不仅仅是代替一部分工作，还会在许多方面改变我们的生活方式。最核心的部分在于效率的提高。

人工智能将变革零售端的服务业。传统零售模式根本无法打通B2C，在商家和客户之间隔了一层人为服务。而人为服务仅仅是起到收银、客户问候的作用。在新的人工智能推动下，每一个客户都会带有独特的标签，系统算法能够迅速根据标签识别用户偏好，提供更加精准的商品推送。大量的存量数据，也能更好地匹配用户和商家之间的供需平衡。无论是阿里还是亚马逊推进的新零售，都是在为人工智能时代做准备。

人工智能也将升级传统的制造业。人工智能带来的不仅仅是对制造业中人工的代替，更多的将是优化生产线和产能。以汽车为例，过去传统的生产线都是针对某一款特定车型。所以在生产上往往面临需求滞后的情况。一旦新车型推出，产品爬坡需要几个月甚至一年时间。然后几年后车型迭代，又需要打造新的生产线。在人工智能时代，生产线会越来越柔性，根据需求做变更，这将大幅提高工业制造的生产效率。

人工智能可以实现更高效的社交连接。互联网第一次带来了全世界的连接，移动互联网将这种连接从几个小时变成了24小时全天候，而人工智能能够帮助社交连接更加高效。今天我们已经看到了资讯、信息通过算法和每个人做精准匹配。未来，社交也能通过人工智能工具做效率更高的匹配。不同人的社交需求，能够在人工智能平台完成连接，更高效的连接带来社交效率提升。每个人在不同时间和阶段，能迅速找到想要的社群和朋友。同时，商务上的连接也能更加迅速。

人工智能实现高精密工作的取代。比如医疗中的手术机器人已经诞生，未来类似于医疗手术，如眼科、牙科这种高精密的服务会被人工智能取代。无人驾驶系统也是一种高精密工作，人工智能能够取代我们现在的司机，在几乎零误差之下大幅降低交通事故比例，也能在任何时间找到最优的驾驶路径。

科学家正把人工智能技术应用到太空研究中，协助研究人员从大量卫星图像中撷取并分析海量数据，协助探索如何通过人工智能应对太空天气、太空资源等领域的一系列挑战，从而获得有价值的信息。科学家支持并指导研究人员使用深度学习技术，帮助其制作月球两级详细地图并解决一系列复杂问题，深度学习在大幅提高速度的同时，可以达到和人类专家同样的效果，因此太阳系中所有岩石物体的详细地图都可以使用深度学习技术自动完成绘制，也可以支持未来的商业太空任务。利用持续创新技术，提供运行人工智能工作负载和分析大量数据所需的庞大计算能力，并通过提供软硬件、端到端的技术支持，实现人类对太空研究的进一步突破。

智能生活

打造智慧家庭

我们在科幻电影中常常能看到这样的场景：主人公回家后，房内的灯会根据主人的进出自动开关，洗澡用的热水已经自动烧好，回家之前空调或暖气已经开好，饭已经自动煮好，还可以随时了解冰箱里面的菜品储备情况，下雨会自动关窗户，还能随时监控家里的情况，读取家庭数据中心的各种数据……

这样的景象已经不只是电影人脑袋中的幻想了，"智慧家庭"正替人们一步步实现着这个愿望。智慧家庭是智慧城市的最小单元，是以家庭为载体，以家庭成员之间的亲情为纽带，结合物联网、云计算、移动互联网和大数据等新一代信息技术，实现低碳、健康、智能、舒适、安全和充满关爱的新型家庭生活方式。

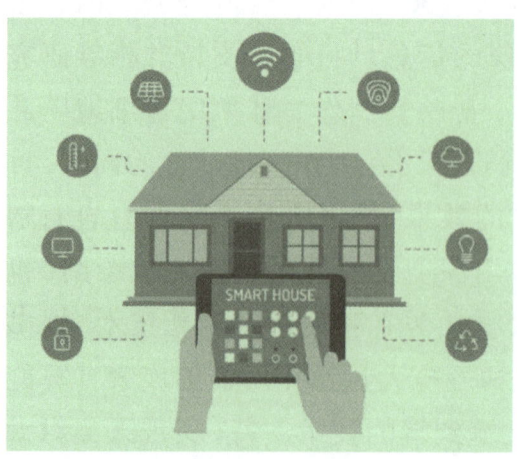
▲ 智慧家庭

智慧家庭可以和人们的智能手机互相连接,提升人们的生活质量。可以说,智慧家庭的涵盖范围很广,除了常用家电设备外,还包括照明系统、监控系统、三表计量、供水供暖甚至开关插座等。智慧家庭又可称为智慧家庭服务平台,是综合运用物联网、云计算、移动互联网和大数据技术,结合自动控制技术,将家庭设备智能控制、家庭环境感知、家人健康感知、家居安全感知以及信息交流、消费服务等家居生活有效地结合起来,创造出健康、安全、舒适、低碳、便捷的个性化家居生活。

对老年人来说,智慧家庭并不是遥不可及的事情,完全可以打造属于自己的智慧家庭和智能生活。下面我们一起来探索一下智慧家庭的打造步骤。

智 能 门 锁

对每个家庭而言,"安全"无疑是最重要的。如今,传统门锁已难以全面承担保护家庭安全的重任,给家配置一个智能门锁是绝对有必要的。这是打造智慧家庭的第一步。

相比传统门锁,智能门锁的安全性显然高得多,能开传统门锁的开锁师傅满大街都是,而能破解智能门锁的黑客高手,普通日常生活中是不太能见到的。除了更安全,智能门锁也更方便,有了指纹解锁、虹膜解锁,用户再也不用担心忘带钥匙了。

如果你特别关注安全,安装智能门锁的同时,还可以安装一套家庭智能监控,可以24小时监控门窗的开关状态,

智能生活

▲ 智能门锁

一旦发现异常,可以自动向你的智能手机推送报警消息,收到消息后,就可以及时处理各类情况了。

智能照明

相比其他智能家庭设施,智能照明给家庭带来的变化是最直观的,可以让家居的档次瞬间提升。安装了智能灯泡与智能开关之后,远程开关、一键多控、自定义室温……

▼ 智能照明

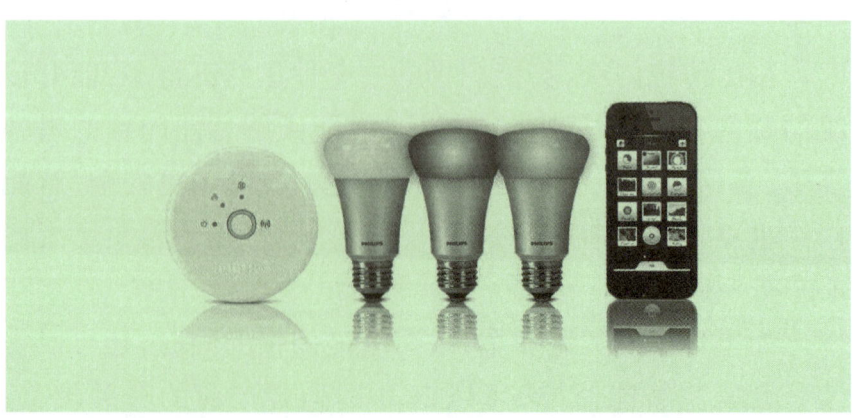

有客人来访,你掏出手机,选择一种情景模式,只需要按一下手机屏幕,全家所有的灯就会根据你之前的设置,自动开启,自动变换颜色,就好像瞬间进入了童话世界。

智能照明的发展方向是实现城市、灯光、人、自然之间的和谐发展。而随着以人为本意识的增强,人因照明应运而生。人每天所需要的照明应该像自然光一样随着时间变化,尤其是面对更人性化和更健康的环境需求,人因照明的发展势不可挡。

实际上,关于照明的可持续发展,除了处理好光与人之间的关系外,还要注重光与自然环境的和谐发展。随着城镇化进程的加快以及城市照明的发展升级,光污染现象越来越严重,与之相关的动植物的保护问题也常常被忽略。而光与自然之间的关系仍被大部分人忽略。以室外照明为例,特别是景观照明,国际上许多地方已发现,不当照明可破坏动植物生长,因此,如何处理好光与自然的关系同样是智能照明发展需要解决的一个问题。

总的来说,发展智慧城市就要智能照明,这是大势所趋,而其发展的方向就是实现光与人和自然的和谐发展,实现照明的可持续发展。

智能插座

传统的冰箱、洗衣机、空调如何变得更智能?用智能插座吧,把传统电器的插头先接在智能插座上,再接到电源上。就这样,传统电器秒变智能家电!

智能插座可以通过手机实现对家电的远程控制。通过

智能生活

▲ 智能插座

"远程操控"功能，可远程监控插座是否工作，并且可控制插座开启或停止工作。例如早起上班时间紧张，空调关闭无法立刻拔出插头。如今，你可以在上班途中，随时关闭空调电源，省时也省心。晚上下班回家路上，用手机远程打开提前准备好的电饭煲，热水器设定定时开关，回家前半小时自动打开，洗去你一天的疲惫。

智能插座可以实现定时开关，可以让家里的电器用起来更方便，延长使用寿命。有了它，无论你在哪里，都可以随时随地"指挥"家中的各种电器设备，可提前"定时开关"家里任何家电，几点打开，几点关闭，能源合理充分利用，不造成任何浪费。以手机充电器为例，大部分人还有睡前充电的习惯，让手机一整夜处于充电状态，第二天醒来直接满电量，但一般手机最多充电4个小时就能充满，长时间不拔充电器，理论上来说会导致充电器老化，同时又对手机电池造成损害。智能插座完美解决了这个问题。你只需要设定关闭电源时间，就能实现手机的定时断电。

智能插座还可以实现电量监控，节能环保，可实时监控用电情况，用电量一目了然，用户每年可以节约不少电费。"电量监控"功能可以帮助用户了解家中用电情况，并可将数据同步至手机，即使不在家，用户也可以对家中各种运行电器的耗电量了如指掌。

智能插座能搭配其他智能家居产品，也可实现更多智能场景的联动。比如"回家"模式,用户打开门,智能家居系统即可自动感应,客厅智能插座功能开启,可打开客厅空调、灯光;卧室智能插座功能开启,可打开卧室灯光、窗帘等设备,实现家电的智能情景控制。

智能恒温器

智能恒温器可以让室内恒定在你设定的温度。工作原理是通过在屋子里内置多种不同类型的传感器,24小时不间断地监测室内温度、湿度、光线等环境变化,同时整合室内所有的控温设备,如空调、风扇、暖气,一同调节室温,安装智能恒温器不仅舒适,而且节能,它可以根据感应结果,关闭一些不必要的电器,或者调节设备,减少功率输出。

智能恒温器内包括温度、光、移动、湿度和气压的感应器,能帮助了解房屋的使用状况和热力分布,比如房屋加热和冷却的速度。基于这些数据,系统可以远程优化热力设置,住户不要操心就可以直接使用该智能恒温器,对于一个非C端的产品来说至关重要。智能恒温器最多可以为居民减少15%的能源花销,设备依靠网络连接,无须使用住户的互联网。

智能恒温器 ▼

安装智能恒温器后,房主可以在控制面

智能生活

板上查看各项数据，看看房屋是否有发霉的情况，是否绝缘不良、燃料不足以及锅炉性能是否良好等。

老年人怕干、怕湿、怕热、怕冷，可以用智能恒温器，自动调节和让家里始终保持最适合自己的温湿度。

智能窗帘

▲ 智能窗帘

在欧洲，窗饰智能化已经成为时尚家居的一大标志。智能窗帘是带有一定自我反应、调节、控制功能的电动窗帘，能根据室内环境状况自动调光线强度、空气湿度、平衡室温等，有智能光控、智能雨控、智能风控三大突出的特点。

智能照明与智能窗帘都是对光线的管理，白天黑夜场景相互之间有互补性。如白天，屋内光线监测传感器节点在线监测当前光线强度，并根据当前光线值和系统时间来自动控制网络中对应的窗帘电机节点，从而实现窗帘的智能光控。而晚上主要依靠照明调节亮度。

窗帘的长宽是根据安装的方法定的，先定好是安装在窗户上还是墙上，是否超过窗框，安装方法是不一样的。罗马帘、卷帘、百叶帘有两种安装方式，一是在窗户框内安装，安装好后帘和墙壁平，这种方式测量简单，只要测量窗户的宽度和高度；另一种是超过窗框的安装方式，那就可以按照你实际需要来确认安装产品的高和宽。无论哪种方式都需要高和宽两个尺寸。

智能窗帘可以用固定开关控制，按下"开"或"关"按钮，窗帘自动拉开或关闭，窗帘拉开或关闭到位后，电机自动停止。在窗帘"开"或"关"的过程中按"停"按钮，电机停止转动，这样用户就可以随自己的意愿控制窗帘开合的大小，遥控器失灵或者丢失可启用固定开关；也可以通过定时控制。定时控制是通过在定时器中设置开启或者关闭时间来控制窗帘的开启或者关闭；另外，还可以通过光强控制。光强控制是利用光电传感器，根据光照情况自动控制窗帘的开合，在光照比较强烈的情况下，窗帘会自动关闭而不使室内受到强烈的光照；除此之外，还可以用APP、智能语音控制，可以不受空间和时间的限制，语音控制随开随关，随启随停。

智能窗帘系统一般采用电子行程定位和非碰撞停机技术，能够保障用户使用安全，同时还能延长设备的使用寿命，节省系统维护保养成本。

智 能 主 机

安装好以上智慧家庭设备后，你还可以考虑配置一台智能家庭主机，有了它，就可以更大范围地控制家中的智能设备了，实现各个智能家电的联动，它可以通过发射红外信号等方式连通全家设备。这时候，你就可以一部手机控制全家设备了。

智能生活

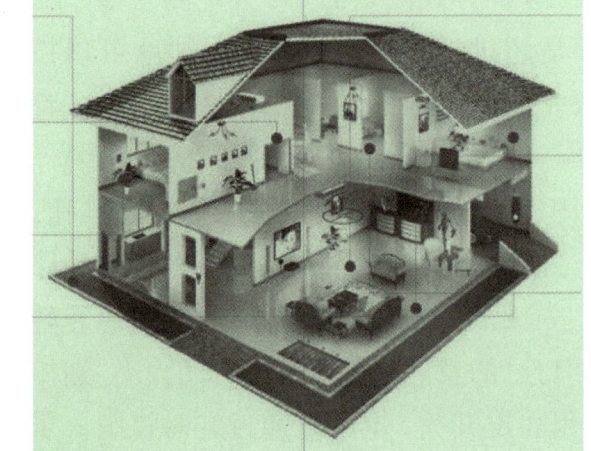
▲ 全屋智能

比如,下班路上,手机远程操控,家里的空调吹出了温和的风,空气净化器开始工作;回到家,呼唤智能主机"我回家了",灯全部点亮,窗帘缓缓拉开,躺在沙发上享受这一切的同时,扫地机器人又出来为你打扫全屋,你只需要舒服地享受智能化的生活。

只需要开口,智能主机就能帮忙做备忘,查询天气和食谱,播放新闻、音乐、电影,甚至讲故事都不在话下。在家居遥控方面,它能通过远程语音操控智能家电,调节空调温度,控制电视换台,控制净化器、灯具和窗帘开关等。

智能家庭主机包含了诸如人工智能技术、语音交互技术、大数据和云计算、音频资源服务等内容,机器通过在线数据不断充实和挖掘使用者需要的信息并学习使用者的行为习惯,提供相应的语音支持。有了智能主机,家庭设备能够拥有自己的"智慧",能够在用户不在家时检测室内环境,防盗、防火、防水、防天然气泄露,既便捷又安全。

身边的机器人

在不久前闭幕的世界互联网大会上,形态各异的机器人"吸足眼球"。你是否觉得智能机器人离我们还很遥远?事实上,机器人已经渐渐走进我们的生活。

人机握手

聊天机器人

聊天机器人实际上并不是一个时新的话题,它起源于

智能生活

图灵在1950年提出的设想:"机器能思考吗?"为了验证这个设想,图灵通过让机器参与一个模仿人类对话互动的游戏来验证"机器"能否"思考",也就是著名的"图灵测试"。由此,图灵测试被称为人工智能王冠上最璀璨的明珠,是人工智能的终极目标。

此后,一系列的聊天机器人被开发出来。

1966年,麻省理工学院开发出第一个聊天机器人ELIZA,用于在临床治疗中模仿心理医生与患者互动。虽然其中仅使用了一些简单的关键词匹配和回复规则技术,但是机器人的表现还是超出了预期。

1995年,理查德·华勒斯开发了ALICE系统,随ALICE一同发布了AIML语言,目前被广泛应用在移动端虚拟助手的开发中。

智能在线客服是聊天机器人一个重要的应用场景,其主要功能是同用户进行基本沟通,并自动回复用户有关产品或服务的问题,以达到降低企业客服运营成本、提升用户体验的目的。

苹果公司的Siri是最为人熟知的聊天机器人,它可以通过与用户交互获取用户需求,将自然语言转化为"真实含义",交由知识库分析、检索所需结果,最终转换为自然语言回答用户。短短数秒之内,Siri就能将用户需求转化为众多不同的表述方式并完成在海量数据中的搜索。

聊天机器人系统一般包含语音识别、自然语言理解、对话管理、自然语言生成、语音转换五个主要的功能模块。具体来说,语音识别模块负责接收用户的语音输入,并将其转换成文字形式交由自然语言理解模块进行处理;自然语言理解模块在理解了用户输入的语义之后将特定的语义表达式输入到对话管理模块中；对话管理模块负责协调各个模块的调用及维护当前对话状态，选择特定的回复方式并交由自然语言生成模块进行处理；自然语言生成模块生成回复文本输入给语音合成模块，将文字转换成语音输出给用户。

目前，淘宝、苏宁、京东等很多企业已经开始使用聊天机器人，用于接听客服电话。原因很简单，大多数人应该都有过这样的经历：使用某平台的服务时遇到问题，接入客服电话后却是长时间的等待音；晚上终于有时间想购物，但在线客服的头像却已显示为灰色；费尽力气接通人工客服，却常常收到"人工座席忙，请稍等"的提示。一方面，对用户而言，传统的人工客服体验不尽人意；另一方面，对企业来说，随着用户量的增加和人力资源成本的升高，人工客服不仅意味着高昂的费用，而且越来越无法满足业务的需要。此时，智能客服就显示出了巨大的优越性。

除了互联网公司，在很多领域，聊天机器人也已经被广泛地使用，比如在金融领域，智能机器人开始逐渐以各种形式出现在人们的生活、工作场景中，现在较常见的是一些银行的在线智能语音服务系统。传统的语音自助服务按照业务类别设置层层按键索引，客户需要根据语音提示进行相关业务的选择，往往要花费较长的时间才能寻找到需要的业务。有些情况下，甚至无法很顺利地准确找到相关业务，严重影响了用户体验。

通过使用聊天机器人，可以将传统的多层自助语音菜单扁平化，用更人性化的方式实现语音导航、语音交互、语音咨询等常用功能。此外，用户还可以通过语音对话直接告知业务需求，实现快速办理相关业务，如查询信用卡还

智能生活

款情况、申请信用卡额度调整等,或者查找并进入需要的功能。与传统语音客服相比,不仅节省用户时间,提高服务效率,而且通过人性化的方式提升了用户的满意度。

值得注意的是,在聊天机器人领域也存在二八原理,即消费者的问题中,八成以上都是高度重复的,只要知识库的数据足够全面,聊天机器人就能够为用户提供满意的解决方案。目前聊天机器人的市场还处于起步阶段,但已经成为趋势,发展空间巨大,随着技术积累及进步,必将广泛地应用到各个行业的业务场景中去。

扫地机器人

随着科技的发展,近年来,适应人们生活节奏的扫地机器人开始成为越来越多家庭的家务帮手。

扫地机器人经过红外扫描后,会制定出一条合适的清扫路线,清扫完毕后会自动充电。

扫地机器人的两大核心:寻路导航系统以及清扫系统。很显然,前者复杂程度更高。导航过程主要是指通过传感器感知外界环境信息,并指示机器人无碰撞地从初始位置到达目标位置的过程。

▼ 扫地机器人的路径

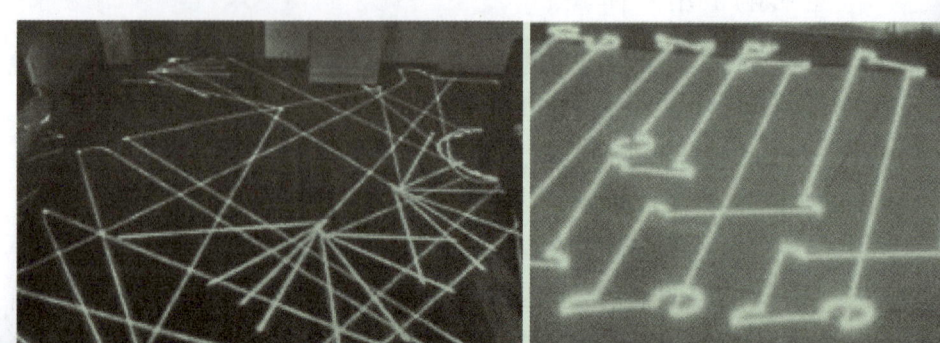

早期这类设备的扫地方式一般类似于"盲扫",路径随机,也就是说它的目标位置、行动路线并不确定,后来随着传感器、信息融合等技术的进步以及相关配件价格的下降,市场上出现了越来越多带有智能规划路径功能的导航扫地机器人。

120平方米的家,清扫起来差不多需要90分钟。只要提前预约好清扫时间,机器人就会自己完成这个任务,也不需要专人看管,很方便。不少人选择扫地机器人,是觉得它们永远不会疲劳,能够严格按照已经编好的程序工作,方便了节奏日益加快的现代生活。

当然,老年朋友也要注意,目前的扫地机器人并不能解决所有的清扫任务,不要指望扫地机器人一路扫过,房间就会变得一尘不染,鉴于扫地机器人的功率和行走路线,它还不能清扫得100%干净。它可以作为清洁房间的辅助工具,定期开启扫地机器人,对维持屋内的干净益处较大,尤其是养宠物的家庭,清理宠物的毛发是扫地机器人比较受用的功能。

写作机器人

2015年9月10日,一条标题为"8月CPI涨2%创12个月新高"的新闻在腾讯财经上发布。看上去,这条新闻的内容和媒体记者日常的消息稿无异,引用了统计局的数据,还加入了国家统计局城市司高级统计师余秋梅以及银河证券等分析师对数据的分析和预测。但它背后的作者,其实是写作机器人Dreamwriter。

智能生活

▲ Dreamwriter 撰写的稿件

  2018年6月7日，高考第一天，除了万千高考学子以外，一名特殊的考生也出现在了高考考场上。一场人工智能史上首次挑战"作家考生"高考作文的"人机大战"引起了社会各界的目光。

  在6月7日上午的语文考试中，谷歌公司研制的高考机器人"Champion"（状元）的作文《绿水青山图》获得了曾参加过高考作文阅卷的专家评审给出的满分100分，而作家张一一的高考作文《新时代新青年》仅获85分。获胜的人工智能"状元"因而获得100万美元的赞助奖金。

  机器人是如何写作的？为什么机器人能够自动生成稿件？其实，机器人写作非常简单。它把全球大量数据积累和聚合后的内容重新整理之后，通过深度学习，最终分类聚合成一篇篇各行各业的文章。

  机器人之所以能够写作，并且能够快速成稿，离不开人工智能知识图谱这一技术。知识图谱在庞大的数据基础上，能够构建一个相当完整、庞大的知识网络，使得所有的数据串联起来，当知识图谱应用到媒体和内容产业，便可以做到内容的抓取、聚合，进而再进行内容的生产。

也许有人会问,机器人写出来的文章会不会跟网上的文章很类同?其实写作机器人是通过理解网上的素材以后重新再写一遍的,并且它每天都在学习人是怎么写文章的,通过学习,它可以形成一个记忆机制并在后台存储下来,再采用深度学习的方式不断去进化,让写作变得越来越智能。

写作机器人的出现,可以把人从重复的工作中解脱出来,而记者编辑们,就可以更深度地追踪热点,而人与机器人的协同将让工作变得更加高效和便捷。

快递机器人

2018年6月18日,京东宣布在北京市海淀区开启全球首次全场景常态化配送运营,为配送机器人规模化应用和更广布局进行尝试。何为京东配送机器人?简单来说,京东送货机器人就是代替人力的快递小哥,奔波在公共道路上给大家送快递的机器人。它的最高时速可以达到15千米。由雷达加传感器进行360度环境监测,可以自动规避道路障碍与往来车辆和行人,并且能够识别红绿灯信号,做出相应的判断。

快递机器人到达送货位置后,用户可通过人脸识别、输入取货码、点击手机APP链接三种方式取货。

快递机器人是近年来新兴的黑科技,由于城市中物流及快递已经成为成长最快的市场,无数快递小哥穿梭在城市的道路上,尤其是"6·18"或"双11"购物节期间,各种快递堆积,快递小哥忙不过来,假如有机器人能够全天无休地替代人工,快递的效率就会大大加强了。

智能生活

▲ 快递机器人

不仅京东，全球有众多企业都推出了各种类型的快递机器人。达美乐比萨在2016年就使用机器人DRU配送比萨，甚至也成功测试过无人机空中送比萨服务。

▼ 机器人DRU

美国机器人公司Robby Technologies推出最新无人配送机器人Robby 2。该机器人配备一套红外热像仪，可以在夜间进行导航，还加入了防水防恶劣天气设计。

英国科技公司Starship Technologies是无人配送领域的"大明星"。该公司的目标是建立一个自动驾驶机器人网络，用户可以使用机器人来进行货物和食品配送。

机器人Robby 2 ▶

第三篇 智能科技

机器人Starship

未来随着快递机器人的发展，无人机会飞到高层的窗口为你送来半小时前下单的外卖；机场的候机大厅里，你会遇见各处穿行的机器人兜售饮料；还有机器人会自动爬楼来为你送米送油……

护理机器人

现在越来越多的科技产业，尤其是人工智能，开始将发展重心转移到80岁以上的老年人群。这部分老年人生活可能尚能自理，但生活品质已有明显的下降，很容易发生意外；还有一部分失能老人，他们罹患多种慢性疾病，或者患有失智症，生活不能自理，需要他人的全方位照料。这方面的市场需求正变得日益迫切，护理机器人应运而生。

和我们想象的包揽一切的家政服务机器人不同，如今的护理机器人更注重于满足日常生活的基本需求。护理机

智能生活

器人可以分为两类——物理辅助类和社交辅助类。

物理辅助类可以帮助老年人起床、穿衣、服药和移动，为行动不便、无法独立活动的老年人处理日常琐事，设定简单也更容易被设计和部署。

日本理化研究所人机互动研究中心和日本住友理工在2015年推出了一款名叫"Robear"的护理机器熊。它可以完成大量物理辅助任务，比如扶患者起床、站立，甚至将患者从床上抱起放到轮椅上。护士可以用平板电脑遥控Robear的行动，从而降低看护人员的工作强度。

与依赖护工和家人子女不同，向一台设备请求帮助不会伤害老年人的自尊心，他们依然会觉得自己很独立、很有用。对老年人来说，比起让他人照顾其起居，会更喜欢和机器人一起生活、做家务，心情会更轻松。

除了上述这些物理辅助机器人，还有很多可以进行社交辅助的机器人，它们会和老年人进行互动，成为陪伴在其身边的伙伴。例如陪伴机器人Elli Q。它是一个主动交互的沟通方式，屏幕可以为老年人提供一些必要的信息文字或图像。通过摄像头背后的人脸识别技术和语音分析技术，机器人可以感知用户所处的环境，理解老人的语言，并提出有针对性和精准的建议，实现更有效的互动。

▼ 机器人Robear

不过，打针、修剪指甲这类护理工作目前还无法全交给机器人。

机器人也有人类难以媲美的优势，其中最明显的是它们能全天24小时提供服务，如果在家使用，老年人可以享受居家养老，摆脱住进养老机构的烦恼。相信护理机器人将在10年内走进普通百姓家，为众多老年人提供护理服务。

机器人 ElliQ

人形机器人

机器人 Atlas

机器人不仅能帮助人类探索宇宙，还能够代替人类进行高危工作！人们对机器人的开发和探索让机器人越来越具备人类的特征。

美国波士顿动力公司2017年推出的Atlas机器人被公认为全球最先进的人形机器人，作为双足直立的机器人，它完美地模拟了人类形态。

它可以在雪地丘陵中穿越，能够在崎岖不平且被积雪覆盖的山坡自如地行走。

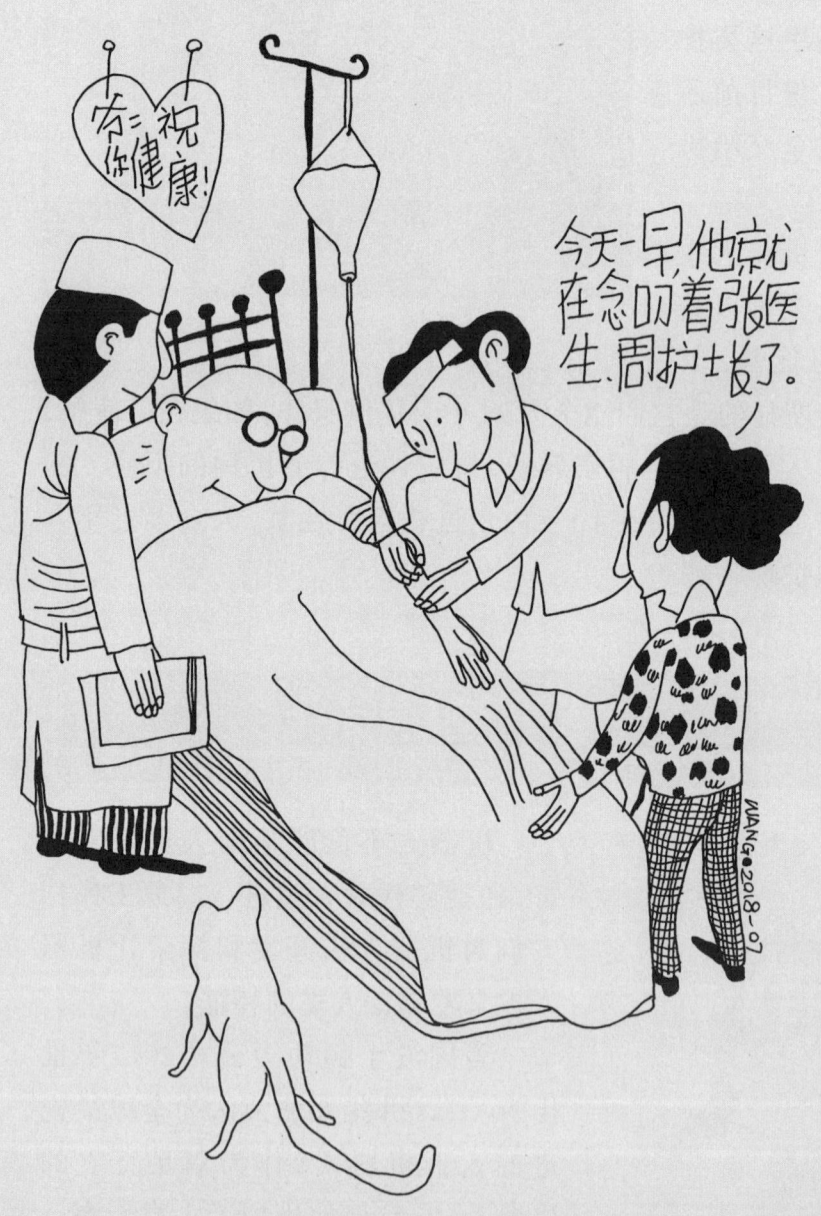

▲ 雪地行走

它的平衡能力也十分惊人,可以连续在户外跑步,在打滑甚至被踢的情况下仍能保持姿态,即便被踢倒在地,它也能自己爬起来。

▲ 跌倒后站起

另外，得益于配置的激光雷达与立体传感器，以及室内室外的定位功能，Altas已经能够在室内和室外进行自我导航。

▲ 自我导航

它能平稳顺利地搬运约4.5千克的箱子。

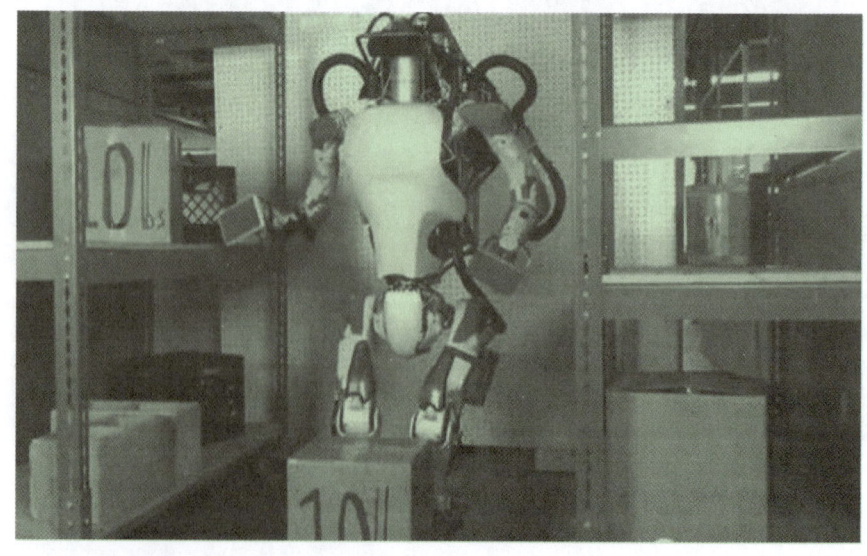

▲ 搬运箱子

第三篇 智能科技

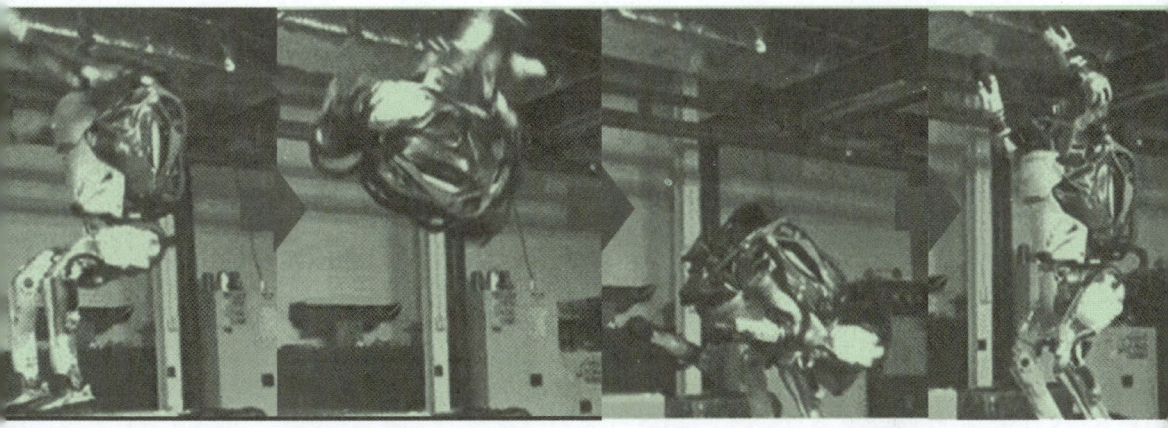

体操表演 ▲

最惊人的是，它可以像体操运动员一样连续跳过几个台阶，完成一个完美的后空翻，最后还举起双手以示庆祝。

想让一个双足人形机器人有效地走动、不摔倒已经非常困难了，更别说完成上面这一连串高难度动作。不同于四足机器人可以在不运动或者移动时更容易地找到平衡，双足人形机器人只能依靠两条腿，还得承重庞大的上半身，因此要做到平衡实属不易。

这样的机器人带给我们很多想象空间，未来它将可以在很多领域完全替代人类，尤其是在高危环境下。例如，发生核污染时，必须要有人去探索核设施，这时候Atlas机器人就能派上用场，它可以爬上楼梯或梯子，打开阀门等。

第四篇
智能未来

共享·超越

智能生活

改变未来的新科技

纵观古今,人类之未来,在于科技。从远古"旧石器时代"开始,猿人掌握技术学会了使用工具和火而进化为智人。至第一次工业革命的开端,人类研发出机器而代替手工劳作。到如今的移动互联网时代,涌现出无数新科技的火苗,迎来科技的爆发。我们可以说,人类自诞生之日起,每一个影响到世界的颠覆性变革,其背后的核心驱动力都是科技。站在当前的科技大爆发的节点,我们展望未来,科技拥有无限的可能。未来新科技的方向是多元化,且具有重大的变化。小到纳米级机器人,大到3D打印创新工厂,新科技将渗透到我们生活的方方面面。

人脸识别

人脸识别,是基于人的脸部特征信息进行身份识别的一种生物识别技术。用摄像机或摄像头采集含有人脸的图像或视频流,并自动在图像中检测和跟踪人脸,进而对检测到的人脸进行脸部识别的一系列相关技术，通常也叫做人像识别、面部识别。

人脸识别系统的研究始于20世纪60年代，80年代后，随着计算机技术和光学成像技术的发展和提高，90年代后期人脸识别真正进入初级应用阶段，以美国、德国和日本的技术实现为主；人脸识别系统成功的关键在于是否拥有尖端的核心算法，并使识别结果具有实用化的识别率和识别速度；"人脸识别系统"集成了人工智能、机器识别、机器学习、模型理论、专家系统、视频图像处理等多种专业技术，同时需结合中间值处理的理论与实现，是生物特征识别的最新应用，其核心技术的实现，展现了弱人工智能向强人工智能的转化。

人脸识别产品已广泛应用于金融、司法、军队、公安、边检、政府机构、航天、电力、工厂、教育、医疗等领域及众多企事业单位。随着技术的进一步成熟和社会认同度的提高，人脸识别技术可应用在更多的领域。

1. 企业、住宅安全和管理。如人脸识别门禁考勤系统，人脸识别防盗门等。

2. 电子护照及身份证。人脸信息与内嵌芯片绑定，保证证照不被冒用。

3. 公安、司法和刑侦。如利用人脸识别系统和网络，在全国范围内搜捕逃犯。

4. 自助服务。

5. 信息安全。如计算机登录、电子政务和电子商务。在电子商务中，交易全部在网上完成，电子政务中的很多审批流程也都搬到了网上。而当前，交易或者审批的授权都是靠密码来实现，如果密码被盗，就无法保证安全。但是使用生

智能生活

物特征,就可以做到当事人在网上的数字身份和真实身份统一,从而大大增加电子商务和电子政务系统的可靠性。

区 块 链

区块链是分布式数据存储、点对点传输、共识机制、加密算法等计算机技术的新型应用模式。广义来讲,区块链技术是利用块链式数据结构来验证与存储数据,利用分布式节点共识算法来生成和更新数据,利用密码学的方式保证数据传输和访问的安全,利用由自动化脚本代码组成的智能合约来编程和操作数据的一种全新的分布式基础架构与计算范式。

区块链的设计是一种保护措施。对于记录事件、标题、医疗记录和其他需要收录数据的活动、身份识别管理,交易流程管理和出处证明管理,区块链能够保证数据的安全性,保护数据不被篡改或者伪造。

《华尔街日报》将区块链誉为"500年以来金融领域最重要的创新"。区块链是时下最具颠覆性的金融科技,从政府到业界,都在做相关的探索。

区块链应用涉及行业广泛,且影响程度深远。目前,区块链技术已经广泛应用于数字货币领域,同时正在加速与各行各业的创新融合,包括支付结算、物流追溯、医疗病历、身份验证等领域。另外,在公共服务层面,区块链技术正在探索在公共管理、社会保障、知识产权管理和保护等领域的应用。未来,区块链技术将引发金融、物联网、公共治理与监管等多个领域的重大变革,实现从目前信息互联网向价值互联网的转变。

区块链与智能城市。未来的城市都将拥有一个数字账本,每幢房子或公寓都存在其中,包含了与房屋有关的所有相关信息。城市可以访问这个"数字副本"来协调服务,更有效且准确地执行与财产相关的管理任务。财产所有者可以通过一个可验证且信赖的方式来执行交易,如租房,雇用承包商修剪草坪,或将太阳能电池产生的电力卖给电网。

区块链与商务旅行。商务旅客在机场乘坐一辆自动电动出租车,并告诉出租车将带他到市中心参与会议。当旅行者下车并通过社交媒体账户连接到城市的公共Wi-Fi时,他立即在附近的咖啡店收到折扣优惠的推送通知。他买完咖啡后走进参加会议的大厦,电梯可以识别他的电话,并自动带他到正确的楼层,准时到达开会地点。

区块链与分布式商业。购物者可授权供应商访问存储在分布式账本上的购买历史记录、偏好和其他数据。供应商的自动识别系统根据购物者个人数据,可以提出更准确的商品推送建议,并与电子商务机器人进行互动,自动帮助购物者完成购买。

3D打印

3D打印(3DP)即快速成型技术的一种,它是一种以数字模型文件为基础,运用粉末状金属或塑料等可黏合材料,通过逐层打印的方式来构造物体的技术。

3D打印通常是采用数字技术材料打印机来实现的。常在模具制造、工业设计等领域被用于制造模型,之后逐渐

用于一些产品的直接制造,已经有使用这种技术打印而成的零部件。该技术在珠宝、鞋类、工业设计、建筑、工程和施工(AEC)、汽车、航空航天、牙科和医疗产业、教育、地理信息系统、土木工程以及其他领域都有所应用。

3D打印舰船零件。2014年7月1日,美国海军试验了利用3D打印等先进制造技术快速制造舰艇零件,避免从世界各地采购舰船配件,借此提升执行任务速度并降低成本。

3D打印太空组件。2014年9月底,所有元件基本上都是通过3D打印技术制造了首台成像望远镜,NASA也因此成为首家尝试使用3D打印技术制造整台仪器的机构。这款太空望远镜功能齐全,50.8毫米的摄像头使其能够放进立方体卫星当中。这款太空望远镜的外管、外挡板及光学镜架全部作为单独的结构直接打印而成,只有镜面和镜头尚未实现。

3D打印肝脏。日本筑波大学和大日本印刷公司组成的科研团队于2015年7月8日宣布,已研发出用3D打印机低价制作可以看清血管等内部结构的肝脏立体模型的方法。该方法如果投入应用就可以为每个患者制作模型,有助于术前确认手术顺序以及向患者说明治疗方法。这种模型是根据CT等医疗检查获得患者数据后用3D打印机制作的。模型按照表面外侧线条呈现肝脏整体形状,详细地再现其内部的血管和肿瘤。

3D打印头盖骨。2014年8月28日,46岁的周至县农民胡师傅在自家盖房子时,从3层楼坠落后砸到一堆木头上,左脑盖被撞碎,在当地医院手术后,胡师傅虽然性命无损,但左脑盖凹陷,在别人眼里成了个"半头人"。除了面容异于常人,事故还使胡师傅的视力和语言功能受损。医生为帮其恢复形象,采用3D打印技术辅助设计缺损颅骨外形,设计了钛金属网重建缺损颅眶骨,制作出缺损的左"脑盖",从腿部取肌肉进行填补,最终实现左右对称。

3D打印手掌治疗残疾。2014年10月,医生和科学家们使用3D打印技术为英国苏格兰一名5岁女童装上手掌。这名女童名为海莉·弗雷泽,出生时左臂就有残疾,没有手掌,只有手腕。在医生和科学家的合作下,为她设计了专用假肢并成功安装。

3D打印制药。2015年8月5日,制药公司采用3D打印技术制备的速溶片得到美国食品药品监督管理局上市批准,正式售卖。通过3D打印制药生产出来的药片内部具有丰富的孔洞,具有极高的内表面积,故能在短时间内迅速被少量的水融化。这样的特性给某些具有吞咽性障碍的患者带来了福音。

3D打印建筑物。2014年8月,10幢3D打印建筑在上海张江高新青浦园区内交付使用,作为当地动迁工程的办公用房。这些"打印"的建筑墙体是用建筑垃圾制成的特殊"油墨",按照电脑设计的图纸和方案,经一台大型3D打印机层层叠加喷绘而成,10幢小屋的建筑过程仅花费24小时。

3D打印汽车。2014年10月29日,在芝加哥举行的国际制造技术展览会上,美国亚利桑那州的汽车公司现场演示世界上第一款3D打印电动汽车的制造过程。这款电动汽车名为"Strati",整个制造过程仅用了45个小时。Strati采用一体成型车身,最大速度可达到每小时40英里(约合每小时64千米),一次充电可行驶120~150英里(约合190~240千米)。Strati只有49个零部件,动力传动系统、悬架、电池、轮胎、车轮、线路、电动马达和挡风玻璃采用传统技术制造,包括底盘、仪表板、座椅和车身在内的余下部件均由3D打印机打印,所用材料为碳纤维增强热塑性塑

料。Strati的车身一体成型，由3D打印机打印，共有212层碳纤维增强热塑性塑料。

3D打印私人定制内衣。瑞士洛桑时尚设计团队使用3D打印技术为客户量身定制内衣，他们设计的内衣极具想象力。设计师使用3D打印笔，通过点、圆、线的完美结合，勾画出一个个精美的图案。使用3D打印技术制作内衣，与传统服装行业最大的不同，是能让设计师随心所欲设计自己的作品，而不用顾忌传统的流水线生产，每一件3D打印的内衣都是与众不同的。这恰恰适合内衣行业，内衣不仅要漂亮，而且要合身，3D打印的内衣能完美的结合这两点，这也是3D打印的一个契机。

3D打印颠覆了传统的造物方式，具有全新的造物逻辑。传统而言，造物过程一般是先模拟后制造，或者一边建物一边调整模拟效果。而3D打印通过硬件与软件的紧密结合，把产品设计通过打印机嵌入可以变形的智能材料中，在特定时间或激活条件下，无须人为干预，也不用通电，便可按照事先的设计进行自我组装。

3D打印将实现工业制造集约化。在不久的将来，3D打印技术将彻底改变当前制造与商业的业态形式；同时还将简化工业制造中的多余烦琐环节，将浪费降到最低，实现能源利用最大化。

增强现实

增强现实技术（AR），是一种实时地计算摄影机影像的位置及角度并加上相应图像、视频、3D模型的技术，这种技术的目的是在屏幕上把虚拟世界叠加在现实世界并进行互动。这种技术于1990年提出。随着随身电子产品CPU运算能力的提升,增强现实技术的用途将会越来越广。

增强现实技术在尖端武器、飞行器的研制与开发,数据模型的可视化,虚拟训练,娱乐与艺术等领域广泛应用,而且由于其具有能够对真实环境进行增强显示输出的特性,在医学研究与解剖训练、精密仪器制造和维修、军用飞机导航、工程设计和远程机器人控制等领域应用广泛。

医生可以利用增强现实技术,容易地进行手术部位的精确定位。

增强现实技术可以应用到古迹复原和数字化文化遗产保护领域。文化古迹的信息以增强现实的方式提供给参观者,用户不仅可看到古迹的文字解说,还能看到遗址上残缺部分的虚拟重构。

增强现实技术可以应用到工业维修领域。通过头盔式显示器将多种辅助信息显示给维修人员,包括虚拟仪表的面板、被维修设备的内部结构、被维修设备零件图等。

增强现实技术可以应用到网络视频通讯领域。使用增强现实和人脸跟踪技术,在通话的同时在通话者的面部实时叠加一些如帽子、眼镜等虚拟物体,在很大程度上提高了视频对话的趣味性。

增强现实技术可以应用到电视转播领域。通过增强现实技术可以在转播体育比赛的时候实时地将辅助信息叠加到画面中,使观众可以得到更多的信息。

增强现实技术可以应用到娱乐、游戏领域。增强现实游戏可以让全球各地的玩家,共同进入一个真实的自然场景,以虚拟替身的形式,进行网络对战。

智能生活

增强现实技术可以应用到旅游、展览领域。人们在浏览、参观的同时,通过增强现实技术将接收到参观建筑的相关资料,观看展品的相关数据、资料。

增强现实技术可以应用到市政建设规划。采用增强现实技术将规划效果叠加到真实场景中以直接获得规划的效果。

增强现实技术将真实世界信息和虚拟世界信息"无缝"集成,把原本在现实世界的一定时间、空间范围内很难体验到的实体信息通过电脑等科学技术,模拟仿真后再叠加,将虚拟的信息应用到真实世界,被人类感官所感知,从而达到超越现实的感官体验。也就是真实的环境和虚拟的物体实时地叠加到了同一个画面或空间同时存在。

虚拟现实

虚拟现实技术(VR)是一种可以创建和体验虚拟世界的计算机仿真系统,它利用计算机生成一种模拟环境,是一种多源信息融合的、交互式的三维动态视景,其实体行为的仿真系统能够使用户沉浸到该环境中。

虚拟现实技术是仿真技术的一个重要方向,是仿真技术与计算机图形学人机接口技术、多媒体技术、传感技术和网络技术等多种技术的集合,是一门富有挑战性的交叉技术的前沿学科和研究领域。虚拟现实技术主要包括模拟环境、感知、自然技能和传感设备等方面。模拟环境是由计算机生成的、实时动态的三维立体逼真图像。感知是指理想的虚拟现实技术应该具有一切人类所具有的感知。除计算机图形技术所生成的视觉感知外,还有听觉、触觉、力觉、运动等感知,甚至还包括嗅觉和味觉等,也称为多感知。自然技能是指人的头部转动,眼睛、手势或其他人体行为动作,由计算机来处理与参与者的动作相适应的数据,并对用户的输入作出实时响应,且分别反馈到用户的五官。

虚拟现实技术可以应用到诸多领域,比如在医学方面虚拟现实技术的应用具有十分重要的现实意义。在虚拟环境中,可以建立虚拟的人体模型,借助于跟踪球、HMD、感觉手套,学生可以很容易了解人体内部各器官结构,这比现有的采用教科书的方式要有效得多。

在医学院校,学生可在虚拟实验室中模拟进行解剖和各种手术练习。这项技术,由于不受标本、场地等限制,所以培训费用大大降低。一些用于医学培训、实习和研究的虚拟现实系统,仿真程度非常高,其优越性和效果是传统教学不可估量和无可比拟的。例如,导管插入动脉的模拟器,可以使学生反复实践导管插入动脉时的操作;眼睛手术模拟器,根据人眼的前眼结构创造出三维立体图像,并带有实时的触觉反馈,学生利用它可以观察模拟移去晶状体的全过程,并观察到眼睛前部结构的血管、虹膜和巩膜组织及角膜的透明度等。还有麻醉虚拟现实系统、口腔手术模拟器等。

外科医生在真正动手术之前,通过虚拟现实技术的帮助,能在显示器上重复地模拟手术,移动人体内的器官,寻找最佳手术方案并提高熟练度。在远程遥控外科手术,复杂手术的计划安排,手术过程的信息指导,手术后果预测及改善残疾人生活状况,乃至新药研制等方面,虚拟现实技术都能发挥十分重要的作用。

另外，丰富的感觉能力与3D显示环境使得虚拟现实技术成为理想的视频游戏工具。由于在娱乐方面对虚拟现实技术的真实感要求不是太高，故近些年来虚拟现实技术在该方面发展最为迅猛。如芝加哥开放了世界上第一台大型可供多人使用的虚拟现实技术娱乐系统，其主题是关于3025年的一场未来战争，在家庭娱乐方面虚拟现实技术显示出了很好的前景。

作为传输显示信息的媒体，虚拟现实技术在未来艺术领域方面所具有的潜在应用能力也不可低估。虚拟现实技术所具有的临场参与感与交互能力可以将静态的艺术（如油画、雕刻等）转化为动态的，可以使观赏者更好地欣赏作品。另外，虚拟现实技术提高了艺术表现能力，如一个虚拟的音乐家可以演奏各种各样的乐器，残疾人或无法去现场的人可以在他生活的居室中去虚拟的音乐厅欣赏音乐会，等等。

对艺术的潜在应用价值同样适用于教育，如在解释一些复杂的系统、抽象的概念如量子物理等方面，虚拟现实技术是非常有力的工具，对于解释某些抽象的物理概念，如位置与速度、力量与位移等，虚拟现实技术可以是很好的辅助工具。

模拟训练一直是军事与航天工业中的一个重要课题，这为虚拟现实技术提供了广阔的应用前景。通过虚拟现实技术构建虚拟战场系统，以提供坦克士兵的协同训练，该系统可联结200多台模拟器模拟战争场景。另外利用虚拟现实技术，可模拟零重力环境，代替现在非标准的水下训练宇航员的方法。

虚拟现实不仅仅是一个演示媒体，而且还是一个设计工具。它以视觉形式反映了设计者的思想。比如装修房屋之前,你首先要做的事是对房屋的结构、外形做细致的构思,为了使之定量化,你还需设计许多图纸,当然这些图纸只能让内行人读懂,虚拟现实可以把这种构思变成看得见的虚拟物体和环境,使以往只能借助传统的设计模式提升到数字化的即看即所得的完美境界,大大提高了设计和规划的质量与效率。运用虚拟现实技术,设计者可以完全按照自己的构思去构建装饰"虚拟"的房间,并可以任意变换自己在房间中的位置,去观察设计的效果,直到满意为止。这既节约了时间,又节省了做模型的费用。

随着房地产业竞争的加剧,传统的展示手段如平面图、表现图、沙盘、样板房等已经远远无法满足消费者的需要。因此敏锐把握市场动向,果断启用最新的技术并迅速转化为生产力,方可以领先一步,击溃竞争对手。虚拟现实技术是集影视广告、动画、多媒体、网络科技于一身的最新型的房地产营销方式,在我国的广州、上海、北京等大城市,国外的加拿大、美国等经济和科技发达的国家都非常热门,是当今房地产行业一个综合实力的象征和标志。虚拟现实技术让用户身临其境感受未来家的一切,提高销售转化率。同时在房地产开发中的其他重要环节包括申报、审批、设计、宣传等方面都有重要的应用。

当今世界工业已经发生了巨大的变化,大规模人海战术早已不再适应工业的发展,先进科学技术的应用显现出巨大的威力,特别是虚拟现实技术的应用正对工业进行着一场前所未有的革命。虚拟现实已经被世界上一些大型企业广泛地应用到工业的各个环节,对企业提高开发效率,加强数据采集、分析、处理能力,减少决策失误,降低企业风险

起到了重要的作用。虚拟现实技术的引入,将使工业设计的手段和思想发生质的飞跃,更加符合社会发展的需要,可以说在工业设计中应用虚拟现实技术是可行且必要的。

防患于未然,是各行各业尤其是具有一定危险性行业(消防、电力、石油、采矿等)的关注重点,如何确保在事故发生之时做到最小的损失,定期的执行应急演练是传统并有效的一种防范方式,但其弊端也相当明显,投入成本高,每一次演练都要投入大量的人力、物力,大量的投入使其不可能频繁地执行,虚拟现实为应急演练提供了一种全新的开展模式,将事故现场模拟到虚拟场景中去,在这里人为地制造各种事故情况,组织参演人员做出正确响应。这样的演练大大降低了投入成本,提高了演练实训频率,从而保证了人们面对事故灾难时的应对技能,并且可以打破空间的限制,方便组织各地人员进行演练,这样的案例已有应用,必将是今后应急演练的一个趋势。

利用虚拟现实技术,结合网络技术,可以将文物的展示、保护提高到一个崭新的阶段。首先,表现在将文物实体通过影像数据采集手段,建立起实物三维或模型数据库,保存文物原有的各项型式数据和空间关系等重要资源,实现濒危文物资源的科学、高精度和永久的保存。其次,利用这些技术来提高文物修复的精度和预先判断、选取将要采用的保护手段,同时可以缩短修复工期。通过计算机网络来整合统一大范围内的文物资源,并且通过网络在大范围内来利用虚拟技术更加全面、生动、逼真地展示文物,从而使文物脱离地域限制,实现资源共享,真正成为全人类可以"拥有"的文化遗产。使用虚拟现实技术可以推动文博行业更快地进入信息时代,实现文物展示和保护的现代化。

量 子 技 术

　　量子技术是指利用量子纠缠效应进行信息传递的一种新型的通信和信息处理技术。量子技术是近二十年发展起来的新型交叉学科，是量子论和信息论相结合的新的研究领域。量子技术主要涉及：量子密码通信、量子远程传态、量子密集编码和量子计算机等。近年来这门学科已逐步从理论走向实验，并向实用化发展。

　　量子技术的原理是利用了量子的两大特性，"分身术"和"远程心灵感应"。所谓"分身术"也叫量子叠加，就是一个量子可以同时存在好几种状态。那么"分身术"干嘛用呢？首先一个应用就是帮我们的计算机实现并行计算。这能力有多强？举个例子，如果我们分解一个300位的大数，用现在的计算机，需要15万年，用量子的"分身术"帮我们并行运算，只要一秒钟就可以算出来。

　　量子技术的另一个绝技"远程心灵感应"，学名叫量子纠缠。如果两个相似的量子距离足够近，就会发生纠缠，然后你把它们分开无论多远，这两颗量子的状态就好像一对有心灵感应的双胞胎一样：一个开心，另一个也会笑；一个哭了，另一个一定也难过，这个可能是科学中最奇特的现象之一。

　　量子技术具有传统信息技术所不具备的绝对安全特性，不但在国家安全、金融等信息安全领域有着重大的应用价值和前景，而且逐渐走进人们的日常生活。

　　量子通信是一种利用量子纠缠效应、基于单光子偏振态的全新信息传输方式。其安全之处在于，每当有人闯入

智能生活

传输网络,光子束就会出现紊乱,每个结点的探测器就会指出错误等级的增加,从而发出受袭警报;发送与接收双方也会随机选取键值的子集进行比较,全部匹配才认为没有人窃听。换句话说,黑客无法闯入一个量子系统同时不留下干扰痕迹,因为仅仅尝试解码这一举动,就会导致量子密码系统改变自己的状态。相应地,即便有黑客成功拦截获得了一组密码信息的解码钥匙,那他在完成这一举动的同一时刻,也导致了密钥的变化。因而当合法的信息接收者检查钥匙时,就会轻易发现端倪,进而更换新的密钥。2016年8月16日,我国自主研制的世界首颗量子科学实验卫星"墨子号"成功发射。并在2018年6月首次成功实现千公里级的星地双向量子通信,为构建覆盖全球的量子保密通信网络奠定了坚实的科学和技术基础。

在1965年发表的一篇论文中,英特尔公司的联合创始人戈登·摩尔对计算机技术的未来发展,做了一些粗浅但却意义深远的预测。其中最重要的一条便是著名的摩尔定律:每平方英尺集成电路上晶体管的数量,每18个月便会翻两倍。这一定律对计算机技术的发展产生了深远影响,但是现在,摩尔定律似乎走到了尽头,因为到2020年,硅芯片将会达到自身的物理极限,而随着晶体管体积的不断缩小,它们将开始遵循量子世界的各种规律。2017年5月3日,中国科学院宣布世界上第一台超越早期经典计算机的光量子计算机诞生。实现了20个光量子比特和20个超导量子比特的操纵。

量子计算机跟我们想象的传统台式机不一样,它是指利用量子相干叠加原理,理论上具有超快的并行计算和模拟能力的计算机。曾有人打过一个比方:如果现在传统计算机的速度是骑自行车,量子计算机的速度就好比坐飞机。例如,一台操纵50个微观粒子的量子计算机,对特定问题的处理能力可超过目前最快的"神威·太湖之光"超级计算机。

如今,量子技术已蓄势待发,发展空间无限,市场应用前景诱人。未来科技会智能到什么地步?也许唯一限制我们的,是自己的想象力。

新生活场景的革命

"场景",本来是一个影视术语,指在特定时间空间内发生的行动,或者因人物关系构成的具体画面,是通过人物行动来表现剧情的一个个特定过程。从电影角度讲,正是不同的场景组成了一个个完整的故事。不同场景,意义大不一样。当这个词被应用在互联网领域中时,场景常常表现为与游戏、社交、购物等互联网行为相关的、通过支付完成闭环的应用形态。我们通常称之为应用场景。其中能够触发用户沉浸式体验或者能够使用户长时间停留的应用形态,如视频、游戏、微信,可以被理解为超级入口;能够用微信支付/支付宝完成交易的购物、用车、本地团购等场景可以被理解为支付场景。

随着移动设备和智能终端的出现,互联网和人的日常生活结合得越来越紧密。移动互联网和共享经济正在改造我们生活的所有维度,随之而产生的新的生活方式越来越表现出社会网络的新处境和新特点,我们的生活状态也随之改变。

无人超市　带你进入"数字生活"

2018年2月,街头一个密闭的无人超市引起了不少路人的好奇。超市的正面采用"落地窗"式的设计,入口处,门的开合不是采用传统的钥匙机械锁,而是与互联网相连,通过手机登录解锁。在工作人员引导下,记者扫描了二维码,在收到超市后台系统发送的验证码后,进入了这家无人超市。

无人超市

超市内部面积为18平方米,展架上摆放着矿泉水、蜂蜜等10余类食品和生活用品,每一件商品都贴着同样规格的条形码。在结算区域,顾客只需将商品放在商品感应区,电脑屏幕上便会显示结算的价格,通过屏幕扫下支付宝或微信的付款二维码便可完成支付。在超市出口处,顾客在按下开门锁按钮时,四周的无线感应器会对附有条形码的商品进行自动监测,如发现有未付款的商品将自动报警,顾

第四篇 智能未来

扫码进门

客也将无法打开超市的出口门。

没有收银员,没有导购员,顾客自行进入超市,自在地挑选想要的商品,自助快速结算后离开,未来,无人超市会慢慢走进人们的生活。

无 人 公 交

没有司机,方向盘可以自己动,遇到交通灯和行人会自动刹车,到了十字路口自动转弯,到了公交站自动变道停靠……2017年12月,深圳"无人驾驶公交车"正式上路了。它配备的"阿尔法巴智能驾驶公交系统",可利用16个激光摄像头同时发射高频率激光束对外界环境进行持续性扫描,让公交车"看到"周围的环境,进而实现定位、导航和避开障碍物,其测距可达到100米,精度达到了2厘米。能够实时对道路上的其他使用者和突发状况做出反应,从而实

智能生活

▲ 无人公交车

现自动驾驶下的行人、车辆检测、减速避让、紧急停车、障碍物绕行、变道、自动按站停靠等功能。

如果你在不知情的情况下,搭乘了这样的公交车,或许不觉得它与普通的公交车有多大区别。蓝灰相间的座椅、两排顶盖抓手……其实,这种车辆与普通公交车的最大区别,就是司机的手没有扶方向盘!

据资料显示,这类公交车单次续航里程可达150千米,40分钟即可充满电。车辆运行时速25千米,最高时速40千米。公交车满载25人,其中有17个座位,8人站立,绝不会超载。假如超载了,公交车就会自动报警,并停止驾驶。

在行驶过程中,车辆会因感应到周边障碍物自动点刹、急刹。当车辆前方有行人通过时,车辆会急刹减速避让。

公共无人驾驶系统的实现,大大提高了交通运输效率,与此同时扩大了城市边沿化,居民区可能会离市中心很远,不过没有关系,道路将不再堵车,在车上时间可以充分利用起来。"无人技术"真正的目的是帮助人类脱离那些重复低

第四篇 智能未来

感应超车 ▲

效、高成本低产出的工作，或者是远离那些包含着不确定性的危险工作。你我的生活将因为无人技术而彻底改变！

戴上VR畅享美食 也可实现减肥梦

对于减肥者而言，无所顾忌地享用美食简直是逆天的行为。美国的Kokiri实验室研发出的一项美食虚拟现实技术，生动地告诉我们这个世界总有奇迹在发生。

据悉，该技术主要通过利用VR头戴

VR进食 ▼

智能生活

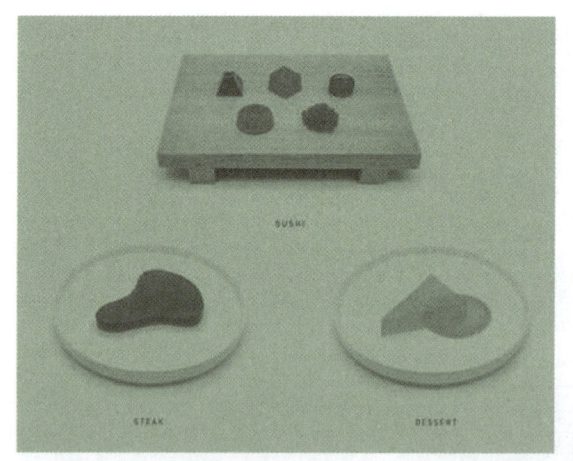

▲ 3D打印的食品

显示器让你进入虚拟世界,看到美食的形;通过芳香扩散器让你闻到美食的味;骨导传感器可以模仿咀嚼,咀嚼感将从你的嘴部传导到耳鼓。餐盘里是3D打印的食品,用以展示食物的质地。

说白了,就是你吃的只是一块3D打印的低热量食物,用虚拟现实技术骗过大脑,从而吃到你想吃却不能吃的"禁忌"美食。它不仅适用于节食减肥者,还可以帮助进食障碍症患者恢复健康,帮助宇航员在太空中享受自己喜爱的美食。

超越你想象的未来汽车

通过手势、眼神便可控制汽车的一举一动;对电动汽车进行无线充电;车身表面受损,汽车可以自我修复;可以防止疲劳驾驶的座椅……这些汽车高科技已经出现在车展上的概念车里。

从使用化石燃料到清洁能源。自从新能源在汽车行业中推广开来,电动车逐渐成为市场中的新秀。在以电为动力的汽车中,充电是一个大问题。电动汽车的快速发展,对快充技术提出了越来越高的要求。

一家以色列公司研发出了一项技术,在柏林的全球初创企业展上展示了一种叫做"闪充"的电池，它对传统锂离子电池结构进行了大刀阔斧的改进。"闪电"电池能够在5分钟之内给电动汽车充满电。这项技术非常有望解决电动汽车现有的"充电难"问题，推动电动汽车的普及。

未来汽车

从驰骋地面到翱翔天空。开车上下班通勤高峰期被堵在路上是大城市上班族心中的痛。以色列创业科技公

CityHawk "飞车"

智能生活

司准备建造一台四人氢动力"飞车",希望在2022年,这辆车就能在摩天大厦上方盘旋。这台垂直升降的"飞车"叫CityHawk,在机身中嵌入内转子系统,实现飞翔。

目前苹果、谷歌、百度等科技界巨头也均在用自己的方式不断推进着自动驾驶和无人驾驶技术的发展。此外,飞行汽车的概念也在不断被创新的企业所提及。毋庸置疑的是,未来的汽车在形态、安全性及智能方面将远远超过我们的想象。

被应用于各领域的无人机

无人机作为近年来科技行业的一大热门,被应用在航拍、侦察等领域,美国交通部的调研部门沃尔普中心预计到2035年无人机的飞行数量将超过载人飞行器的飞行数量。

未来无人机将被应用在各个领域,例如消防员用无人机搭载消防龙头,从空中洒水救火;警察利用无人机监控重点区域,防止犯罪;能源产业利用无人机监控气体泄漏和明火,甚至监控海上油井平台;在农业领域,利用无人机

▼ 无人机搜救

喷洒农药与肥料等。

很快,天空就会被无人机改变成另一番模样,就像火车、飞机那样改变我们的生活。想想未来也许会因为有大量的无人机而发生"堵机"。无人机就像20世纪的智能手机,正在等待时代和技术给它一个大放异彩的机会。

通用翻译神器　让交流无边界

对于喜欢全球旅行的朋友,想象一下,在到达一个语言不通的国家时,用手机扫一扫看不懂的菜单或路牌,翻译软件便自动为你呈现看得懂的语言;想与外国友人即时沟通的时候,只需要拿出小巧的翻译神器,便可以实现二人对话的实时翻译。这样的场景足可以让我们感动得热泪盈眶。

翻译设备ili

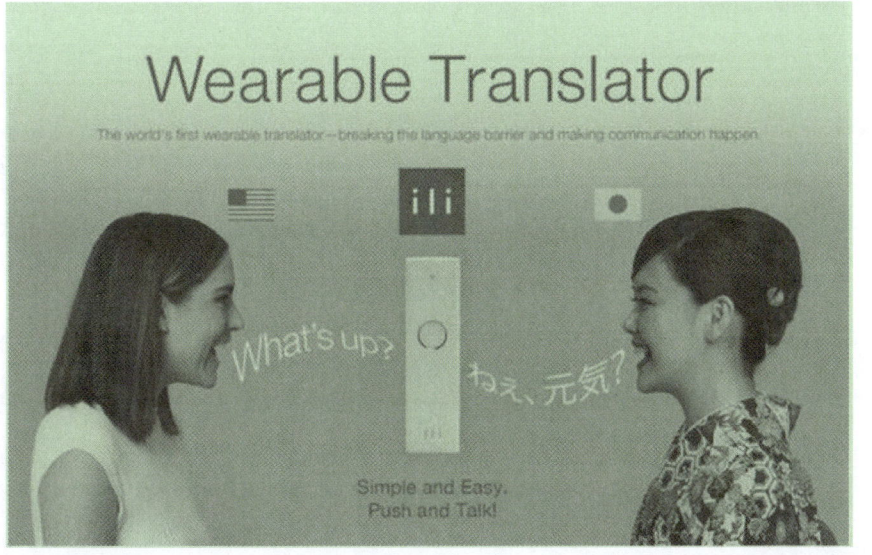

智能生活

现在市面上的翻译软件与硬件正在向我们期待的场景发展,如在CES 2016展会上,日本公司Logbar研发的一款可穿戴语音翻译设备ili,已经实现中、英、日三种语言的无障碍翻译,使用者只需按下ili上的按钮,进行录音,该设备便会自动将录下的音频翻译后播放出来,该产品的翻译语言也在不断增加。总有一天,通用的翻译神器可以让世界村的人们沟通无边界。

自动遛狗器　解锁遛狗新姿势

下雨天、雾霾天不想出门遛狗?没问题,就让你的狗狗自己出门遛弯吧。在由大众荷兰分公司和大众广告代理商Achtung联合发出的一段视频里就曾出现了一款自动遛狗神器。

▼ 骑车遛狗

你只需要给狗狗戴好兼具摄像机和麦克风功能的帽子，紧接着要做的就是在家跷着二郎腿，动动手指的事情了。点击解锁按钮，让狗狗欢脱地跑出家门；查看手机定位，实时跟进狗狗的遛弯轨迹。更酷的是，通过麦克风你还可以随时发出语音指令，让狗狗听见你的声音。不管这个视频是不是大众的一个营销噱头，它着实为我们解锁了一种遛狗新姿势。

"开放、共享、连接"拥抱未来

人类具有超乎寻常的智能,尤其是近代对电的探索与发现,使人类实现了跨越式发展,变得无所不能。看看我们面前,电灯、电影、电话、电动车、彩电、空调、冰箱、洗衣机……无一不是人工智能的产物。

承前启后,继往开来。牛拉犁人骑驴的场景早已经成为过去。如今网络发达,智能的跨越更不在话下。动车风驰电掣,苹果手机呼风唤雨,3D打印技术创意无限。凭借高科技的智能手段,我们有理由把世界变得更加美好,生活更加顺心如意。以前属于幻想的事物,现在成为可以预期的理想,新生事物的涌现并不是少数人异想天开,而是有志者事竟成。

对老年人来说,新技术和新变化不代表障碍,以"开放、共享、连接"的心态应对智能生活,拥抱新未来。"开放"是一种胸襟,是对多元科技更深刻的尊重和包容。接触互联网,拥抱互联网,培养开放包容的思维。"共享"是一种精神,通过协同合作实现分享和互利共赢。老年人应该谋求更广泛领域和更多元渠道的交流和协作,融入智能生活下的新社交状态,利用移动互联、大数据、云服务等新科技、新思维,在与朋友、家人的交流和分享过程中实现自我。"连接"是一种意识,身处万物互联、时刻互通的时代,以往封闭的、线性的思维已衍变为开放的、网状的互动系统,唯有连接一切才能创造未来。

科技进步　支撑智能养老

从发展前景看,物联网、云计算、大数据技术,是智能化养老方式最重要的技术支撑。

将物联网技术应用在老年人的服务上并不遥远。经过测试,如果不需要视频对话等内容,现在家庭的10兆网络

智能养老

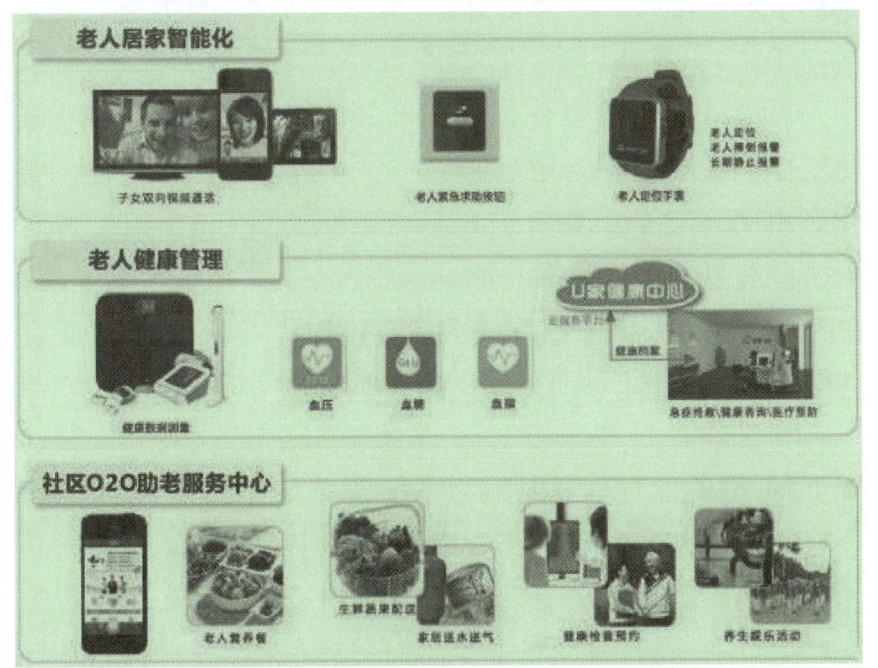

智能生活

带宽,已经可以支持为老年人提供"云管理"服务。大数据、云计算等技术的应用,将是未来的智能化养老发展趋势。2017年以后,谷歌和百度上搜索词可以看到云计算、大数据呈指数增长,说明这项技术已经得到广泛关注和应用。目前各地政府在建云计算中心、超算中心,数据量处理越来越多。"云"越来越多,数据就会越来越多,同时带来的应用也越来越多。

所谓"云管理",就是借助云计算技术和其他相关技术,通过集中式管理系统建立完善的数据体系和信息共享机制,其中集中式管理系统集中安装在云计算平台上,通过严密的权限管理和安全机制来实现的数据和信息管理系统与过程。

例如,某养老机构工作人员打开手中的平板电脑,发现"几十公里外"居家养老的独居老人已经半天多没有开窗户了。电脑接入气象信息,判断当天是"风和日丽"的天气。于是,一道开启窗户的指令自动发送出去了。

另外一端的养老住区墙壁高处的一扇塑钢窗,在液压杆支撑下缓缓打开,开启到三分之一的时候,稳稳停住。实际应用中比这个还要先进。不用工作人员点击电脑,智能系统就能自动检查老人房间通风情况、二氧化碳含量等,适时自动开窗、关窗。四五级大风、下雨天,窗户玻璃还能自动感应天气变化,迅速关闭。

和工作人员管理相比,"云管理"反应的灵敏度、精确度更高,因此能更加及时地为老年人提供健康、安全保障。

通过无线网络连接"云终端"的智能老年公寓等产品将快速推出。社区信息、养老关爱、医疗服务等,通过传感网、4G移动通信、强大的智能数据处理终端,各种信息整合在一起,并将老人与家人、社区、护理员、医院等无障碍联系在一起,为老人提供了全新的养老环境。

在智能居家养老系统中,如果老人走出房屋或摔倒时,其随身穿戴的设备能立即通知医护人员或亲属,使老年人能及时得到救助服务。

当老年人因饮食不节制、生活不规律而带来各种健康隐患时,智能居家养老设备的服务中心也能第一时间发出警报。

智能医疗服务中心会提醒老人准时吃药和平时生活中的各种健康事项。如果炉灶上烧着东西却长时间无人问津,那么安装在厨房里的传感器会发出警报,如果发出警报一段时间后还是无人响应,这时候煤气便会自动关闭。

跨越鸿沟乐享智能生活

如今,老年人使用微博、微信早已不是稀奇事儿,甚至在一些直播平台上还涌现出教大家烹饪、制衣的老年"网红"。信息时代的到来让老年人加速拥抱互联网。然而,由于网络信息良莠不齐,诈骗花样百出,一些老年人难以分辨,一不留神就成了受害者。要让老人安享智能时代的幸福生活,就应该构建老年人友好型网络社会,让老人不掉队。

老年人如今爱上了智能手机,不仅会上网冲浪,而且会玩直播、录小视频、玩游戏。智能手机以及移动互联网正迅速改变老年人的生活。

老年人的互联网应用集中于沟通交流和信息获取方面。看视频、手机支付、手机导航、打车服务以及微信小程

智能生活

序等网络便捷功能也渐渐融入老年人的生活中。同时，老年人使用电商平台进行网购的数量和消费额正在快速增长，成为潜力巨大的消费群体。

此外，老年人上网时的情感和沟通需求更加突出。老年人在网络上浏览的内容排名最靠前的是与慰藉心灵、调节情绪有关的心灵鸡汤和幽默段子，这是老年人内心渴望与外界建立信息联系、进行情感交流的集中表现。

同时，老年人在信息甄别方面仍处于相对弱势地位。数据显示，67.3%的中老年人有过在互联网上受骗的经历。诈骗信息类型排名前三位的是免费领红包、赠送手机流量和优惠打折团购商品，而诈骗的渠道主要是朋友圈、微信群以及微信好友。老年人虽然具有一定的网络安全意识，但交易能力和信息创造能力偏低，信息甄别能力急需提高。

一个需要注意的现象是，会发语音、会抢红包、会在朋友圈点赞的老年人，在共享单车、移动支付、智能可穿戴设备等互联网深度交互领域却并不在行。很多老年人面临新烦恼：到医院排了半天队才发现专家号早就在网上预约完了，经常遭遇网络电信诈骗……数字鸿沟正在成为老人们安享幸福生活的拦路虎。

使用互联网时遇到困难的老人比例超过了八成。他们遇到困难的主要原因有：缺乏必要的科技和互联网知识；学不会智能设备和应用的复杂操作；年龄渐长对新事物的接受能力降低；内心恐惧、抗拒；缺少学习的机会和场所等。造成老人使用网络困难的客观因素比主观因素多。这说明，不是老人不愿意"赶潮流"，而是信息化潮流来得太快太猛，让老人在短时间内难以适应。

老年人的互联网生活表征和机制更加复杂，与老年人的生理特征、生命周期特征、社会经济地位有关,也和老年人对互联网的认知、理解有关。有数据显示,54.4%的老年人对互联网持有开放的认知和态度,而对互联网和智能手机越认同、对自己能力越自信的老年人,掌握的手机功能越多、行动能力越强。

展望未来,人口老龄化和生活网络化将成为中国社会的重要趋势,前者催生了数以亿计的老年人,后者成为人们日常生活中不可或缺的部分。如何让老年人在互联网时代不掉队、实现智慧老龄化是一个需要深思的议题。互联网和数字技术为老年人打开了一个新世界。在现实生活中,客观条件的差距带来了互联网参与度的不同。如何填平网络社会的鸿沟,让互联网连接带来的幸福惠及老年人,是社会应该持续努力去思考和推进的。

要提高老年人口的信息化应用能力,增强老年人通过信息化服务和产品满足自身需求的能力。老人自身需要树立终生学习观念,积极接触新知,积极参与交流,不断锻炼和融入互联网、融入智能生活。

科技将支撑更信息化的养老和生活方式,老年人对智能技术的积极应对和学习也会收获智能技术带来的更便捷和充实的老年生活。

参考文献

[1] 黄志坚.机器人驱动与控制及应用实例[M].北京：化学工业出版社,2016.

[2] [美]杰瑞·卡普兰（Jerry Kaplan）著.人工智能时代（人机共生下财富、工作与思维的大未来）[M].李盼译.杭州：浙江人民出版社,2016.

[3] 金江军.智慧城市：大数据、互联网时代的城市治理（第4版）[M].北京：电子工业出版社,2017.

[4] 齐琦.中老年人轻松玩转智能手机APP[M].北京：清华大学出版社,2016.

[5] 沈任元.智能手机实用教程[M].上海：上海教育出版社,2017.

[6] 孙宇熙.云计算与大数据[M].北京：人民邮电出版社,2017.

[7] 王文峰.人脸识别原理与实战：以MATLAB为工具[M].北京：电子工业出版社,2018.

[8] [以]尤瓦尔·赫拉利.未来简史[M].北京：中信出版社,2017.

［9］张宏洲.生活中的信息安全（电脑设备与手机保护）［M］.上海：上海科学普及出版社，2015.

［10］赵刚.区块链：价值互联网的基石［M］.北京：电子工业出版社，2016.

［11］郑静.物联网+智能家居：移动互联技术应用［M］.北京：化学工业出版社，2017.

［12］左晓栋.网络空间安全战略思考［M］.北京：电子工业出版社，2017.

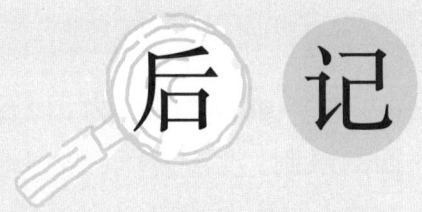

后记

十年间,移动互联网的发展使生活变得日新月异,新科技成为人们茶余饭后最关注的话题之一,尤其是智能技术,引领了新的生产方式,提高了人们工作和生活的效率。

而这个新变化对老年人来说却带来了严峻的挑战:拼音和五笔输入法让网上炒股变成了门槛,微信、微博让看书读报变了味,智能手机让现金付款变成了麻烦……科技发展带来了便捷并没有让老年人获益,反倒给他们的生活平添了不少麻烦。但接受新的生活方式是大势所趋,尤其是智能手机的使用。对此,大多数老年人还是有共识的。

前不久,我在徐汇社区老年大学分享一场关于智能手机使用的讲座。讲座在一个礼堂举办,想不到,到现场的老年朋友竟然让偌大的礼堂座无虚席。在整个演讲过程中,老年朋友们非常认真地听课、学操作,而且在讲座结束后,很多老年朋友就生活中碰到的实际使用问题和我进行了长时间的探讨。

在交流中,我发现老年朋友们有着强烈的使用智能手机、体验智慧生活方式的意愿,但由于受设备性能、对新知的接受能力，以及家庭和周边学习环境等方面的限制，没法系统、贴切地了解和掌握。另外由于记忆力、理解力和视力的下降，老年人学习新知识的周期也较长，往往某一知识或应用需要反复操作多次才能掌握，同时，老年朋友往往羞于向其他人请教如何接触和操作相关知识。

基于此，我们花了三个月时间重新整理编写了老年生活丛书之《智能生活》，希望能够帮助老年读者接触和了解智能生活的相关知识，尝试着迈入智能生活的主要应用场景。

本书在写作过程中，得到了龙敏、沈蕴等同志的大力支持，在此表示由衷的感谢。

由于时间仓促，水平所限，书中的疏漏在所难免，敬请广大读者批评指正。

编　者
2018年8月

图书在版编目（CIP）数据

智能生活/张威编著．—上海：上海科学普及出版社，2018
（老年健康生活丛书/陈积芳主编）
ISBN 978-7-5427-7298-5

Ⅰ.①智… Ⅱ.①张… Ⅲ.①老年人－生活方式 Ⅳ.①C913.6

中国版本图书馆CIP数据核字（2018）第160449号

策划统筹　蒋惠雍
责任编辑　柴日奕
装帧设计　赵　斌
绘　　画　王　俭

智能生活

张　威　编著

上海科学普及出版社出版发行
（上海中山北路832号　邮政编码200070）
http://www.pspsh.com

各地新华书店经销　上海盛通时代印刷有限公司印刷
开本 710×1000　1/16　印张 14.25　字数 150 000
2018年8月第1版　2018年8月第1次印刷

ISBN 978-7-5427-7298-5
定价：39.00元
本书如有缺页、错装或坏损等严重质量问题
请向工厂联系调换
联系电话：021-37910000